FACULTÉ DE DROIT DE BORDEAUX

DROIT ROMAIN

DES FIDÉICOMMIS

DROIT FRANÇAIS

DES LIBÉRALITÉS DÉGUISÉES

THÈSE

POUR

LE DOCTORAT

SOUTENUE LE 30 JUILLET 1877

PAR

Martial CHARRIÉ

Avocat.

⸻◦∾∾◦⸻

BORDEAUX

IMPRIMERIE G. GOUNOUILHOU

11, RUE GUIRAUDE, 11

1877

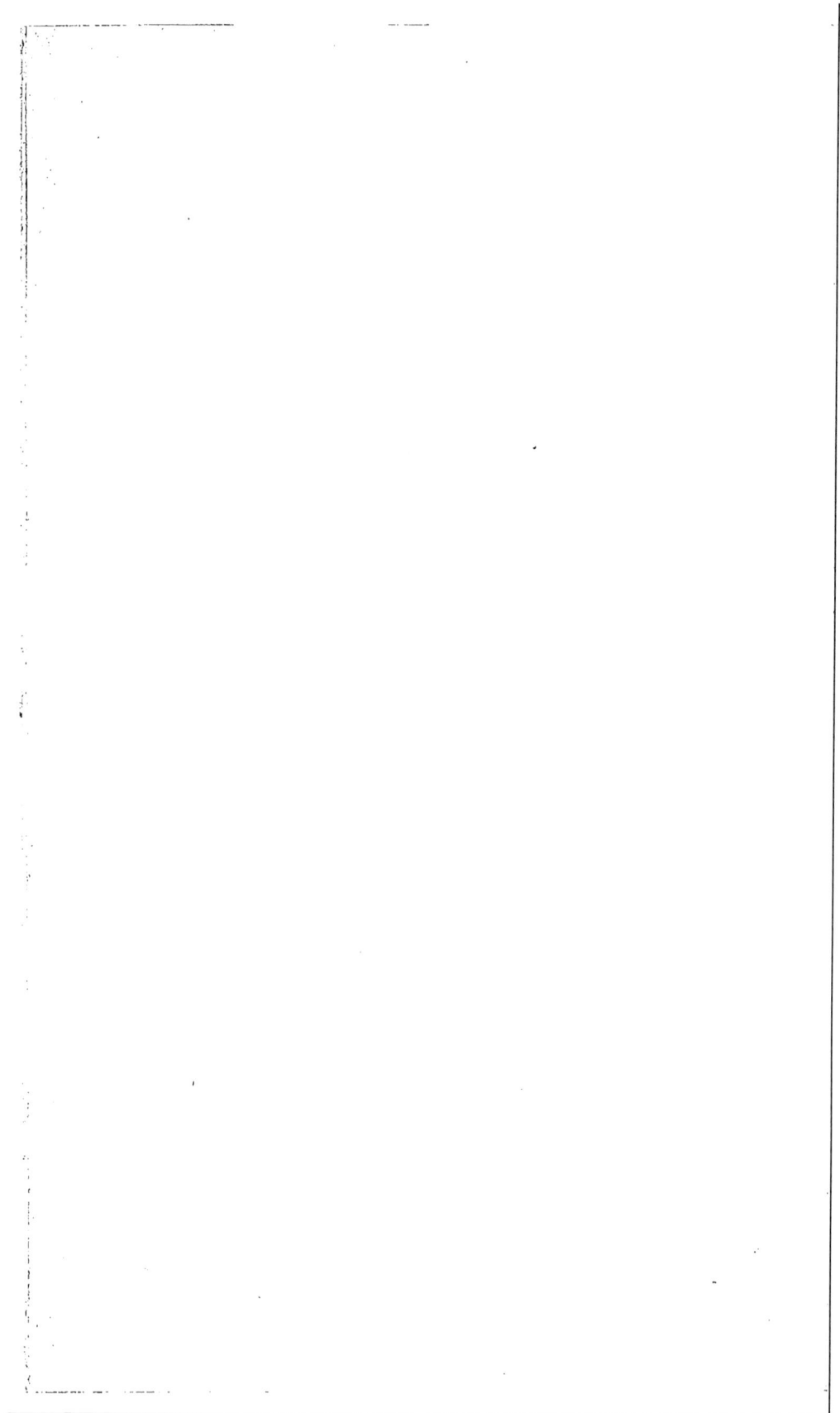

DROIT ROMAIN

DES FIDÉICOMMIS

DROIT FRANÇAIS

DES LIBÉRALITÉS DÉGUISÉES

THÈSE

POUR

LE DOCTORAT

SOUTENUE LE 30 JUILLET 1877

PAR

Martial CHARRIÉ

Avocat.

BORDEAUX

IMPRIMERIE G. GOUNOUILHOU

11, RUE GUIRAUDE, 11

—

1877

©

FACULTÉ DE DROIT DE BORDEAUX.

COMMISSION DE LA THÈSE

A TOUS CEUX QUE J'AIME

BIBLIOGRAPHIE

DROIT ROMAIN.

ACCARIAS. — *Précis de Droit romain*, t. I.

DEMANGEAT. — *Cours élémentaire de Droit romain*, t. I.

PELLAT. — *Droit privé des Romains*, d'après Marezoll.

DOMAT. — Livre V, section 3, n° 5.

CUJAS. — *Sur les textes de Papinien relatifs à l'interposition de personnes.* (L. II, *de his quæ ut indig.* — L. III, *de probati.*)

POTHIER. — *Pandectes sur la loi 43* de jure fisci.

MERLIN. — *Répertoire* (Paris, 1830), t. VI, mot *Fidéicommis.*

DROIT FRANÇAIS.

VERNET. — *Revue pratique*, t. XV, p. 74 et 193; — t. XXXII, p. 81.

Revue critique, t. III; — t. X.

RICARD. — *Traité des Donations entre vifs et testamentaires* (Paris, 1754), t. I, n°ˢ 708 et suiv.

FURGOLE. — *Observations sur l'ordonnance de Louis XV concernant les donations* (Toulouse, 1761), t. VI, n°ˢ 208 et suiv.

POTHIER. — *Traité des Donations entre vifs et testamentaires* (Paris, 1821), t. VIII.

MERLIN. — *Répertoire* (Paris, 1830), au mot *Donation*, t. V.

DEMOLOMBE. — *Traité des Donations entre vifs et des Testaments*, t. I, V, VI.

TROPLONG. — *Commentaire sur le titre des donations et des testaments* (Paris, 1853), t. II.

AUBRY ET RAU. — *Cours de Droit civil*, 4ᵉ édit., t. VII.

LAURENT. — *Principes de Droit civil,* t. XII, XIII, XV.

COIN-DELISLE. — *Commentaire analytique sur le titre des donations et des testaments* (Nouv. édit., Paris, 1855).

BEDEL. — *Traité de l'Adultère.*

LOCRÉ. — *Législation civile,* t. XI.

DEMANTE (Gabriel). — *De la Loi et de la Jurisprudence en matière de donations déguisées.*

MOURLON. — *Répétitions de Droit civil,* t. II.

SAINTESPÈS-LESCOT. — *Des Donations entre vifs et des Testaments* (Paris, 1860), t. III.

ANTHOINE DE SAINT-JOSEPH. — T. II, III, IV.

DROIT ROMAIN

DES FIDÉICOMMIS

NOTIONS GÉNÉRALES

En parcourant l'histoire du Droit dans les premiers temps de Rome, on voit se renouveler fréquemment un fait que nous allons signaler et qui est digne de remarque au point de vue de l'origine des fidéicommis.

Un citoyen romain, mourant *intestat,* ou bien ayant oublié d'insérer dans son testament une clause particulière à l'exécution de laquelle il tenait cependant beaucoup, priait son héritier testamentaire ou *ab intestat* d'accomplir sa volonté.

Cette manière d'agir n'était prévue par aucun texte de loi, ne devait se soumettre à aucune règle et ne possédait pas de sanction.

Le *de cujus* n'avait comme garantie que les liens de reconnaissance ou d'affection qui pouvaient exister

entre son héritier et lui. En dehors de ces considérations d'un ordre purement moral, rien, on le voit,
n'obligeait l'héritier à respecter les dernières volontés
du disposant, et les *Institutes* font remarquer que
personne ne paraît obligé de faire une chose dont on
l'a simplement prié. Il s'agissait, d'ordinaire, d'ac-
quitter certaine charge au profit d'un tiers, particulièrement de livrer, de restituer certaines choses à ce
tiers ; dans ces divers cas, le testateur s'en remettait à
la bonne foi de son héritier : *fidei heredis committe-
batur.*

Cette preuve de confiance, cette recommandation
se faisait souvent par de simples lettres, sans aucune
forme particulière, adressées à l'héritier par le disposant et appelées *Codicilli.*

On comprend sans peine le peu d'importance qu'on
attacha à l'origine à ces *prières codicillaires ;* jusqu'à
Auguste, elles demeurèrent absolument privées de
force, parce que, dit Justinien ([1]), « personne n'était
contraint de fournir ce qu'on l'avait prié de fournir, »
et que ces dispositions *nullo vinculo juris, sed tantùm
pudore eorum qui rogabantur, continebantur.*

Aussi pouvons-nous constater tout d'abord l'absence
complète de solennité dans la manière de faire des

([1]) *De fideicom. heredit.,* § 1.

fidéicommis, et une liberté immense à tous les points de vue.

L'héritier *ab intestat,* comme l'héritier testamentaire ou même un simple légataire peuvent être chargés d'un pareil fidéicommis; rien ne vient mettre obstacle à la réalisation de la volonté du disposant. En effet, il peut indifféremment employer une langue quelconque, s'exprimer selon sa fantaisie, en quelques termes que ce soit, se faire même comprendre par signes, s'il le peut, et enfin gratifier plusieurs classes de personnes auxquelles il n'aurait pas pu valablement adresser un legs [1].

Et à ce propos, nous croyons pouvoir faire une observation qui n'est pas, ce nous semble, dénuée de tout intérêt et que M. Demangeat recommande à l'attention de ses lecteurs [2].

En règle générale, les législations primitives contiennent des lois qui se font remarquer par une sévérité excessive, opposent de nombreux obstacles à l'expression ou à l'exécution de la volonté des parties, et gênent de toutes façons la liberté individuelle. A Rome, comme ailleurs, nous pouvons constater ce fait, et remarquer en outre que les mœurs, en s'adoucissant, rendent les relations plus faciles, font recon-

[1] Marezoll, *Droit privé des Romains.* Traduct. de Pellat, p. 578.
[2] Demangeat, *Cours de Droit romain,* t. I, p. 773.

naître l'existence indéniable de certains principes et arrivent peu à peu à la suppression complète des nombreuses entraves créées par les premiers législateurs.

Mais en ce qui concerne les fidéicommis, c'est tout le contraire qui arrive.

Au début, liberté absolue, sans limites; plus tard, des restrictions qui deviennent chaque jour plus sévères et plus nombreuses.

Sans doute, on peut dire que les fidéicommis, n'ayant aucune force à l'origine, ne préoccupèrent pas le législateur, mais que plus tard, quand on les rendit *obligatoires,* il parut nécessaire de les soumettre à certaines formes, de les entourer de certaines garanties. A ce point de vue l'objection est juste, mais dans d'autres cas elle n'a plus de force. Ainsi, dans le principe, les *pérégrins* pouvaient recevoir à titre de fidéicommis; on le leur défendit ensuite. Les *cœlibes* avaient le *jus capiendi ex fideicommisso,* et nous verrons que le sénatus-consulte Pégasien assimila sous ce rapport les fidéicommis aux institutions et aux legs. L'idée d'obtenir des garanties n'a plus ici aucune valeur.

Nous n'insisterons pas davantage pour le moment, et nous verrons dans la suite les restrictions qui furent apportées à l'institution des fidéicommis.

Quoi qu'il en soit, le fidéicommis n'avait à l'origine aucune force obligatoire. Mais, peu à peu, cette institution toute populaire, *jus non scriptum, sed usu comprobatum,* vint, en dehors de toute ingérence législative, se placer à côté du droit civil pour l'éluder le plus souvent. En effet, elle dut sa naissance, et plus tard surtout ses développements, à l'injustice de certaines lois qui blessaient trop profondément les sentiments de la nature, ainsi qu'à la réglementation trop rigoureuse des formes testamentaires.

En effet, même sous la loi des Douze Tables, où cependant le père de famille possède un si large pouvoir de disposition, nous voyons qu'il était défendu de laisser ses biens à un étranger; le *peregrinus* n'ayant pas avec le citoyen romain la *factio testamenti,* c'est-à-dire ne pouvant être institué par lui héritier testamentaire, il arrivait que pour le gratifier on faisait en sa faveur un fidéicommis. Ce fut même là, d'après Gaius ([1]), l'origine première du fidéicommis : « *et ferè hœc fuit origo fideicommissorum.* »

Des lois postérieures à celle que nous venons de citer, viennent restreindre le droit de libre disposition des biens, même entre les membres de la cité romaine.

([1]) *Gaïi Instit.,* C. II, § 285.

Déjà sous la République, la loi *Voconia* rendue vers l'an 585 de Rome, à l'instigation du vieux Caton, défendit aux citoyens inscrits au cens pour plus de cent mille sesterces, d'instituer une femme pour héritière : « *Mulier ab eo qui centum millia æris* » *census est, per legem Voconiam heres institui non* » *potest* [1]. »

La loi *Cornelia*, rendue sous Sylla, avait frappé d'incapacité les proscrits et leurs enfants; les lois *Julia* et *Papia Popæa*, rendues sous Auguste, édictèrent contre les *cœlibes* et les *orbi* de nouvelles incapacités. Le *cœlebs*, c'est-à-dire l'homme non marié, majeur et âgé de moins de soixante ans, ou la femme non mariée, majeure et âgée de moins de cinquante ans, était frappé d'une *incapacité absolue;* l'*orbus*, c'est-à-dire l'homme ou la femme sans enfants, ne pouvait recevoir *que la moitié* de la disposition dont il était l'objet; enfin les époux n'ayant pas d'enfants ne pouvaient se donner qu'un certain nombre de *dixièmes* de leur succession [2].

A côté du *cœlebs* et de l'*orbus*, Ulpien cite le *pater solitarius*, qui est vraisemblablement l'homme veuf ou divorcé ayant des enfants de son précédent mariage. L'insuffisance des textes ne permet pas d'arriver à une

---

[1] Gaïus, *Comment. II,* § 274.

[2] V. Pellat sur Marezoll, § 233, et Gaïus, *Com. II,* § 111 et 286.

certitude absolue au sujet de cette troisième catégorie d'incapables; il est probable cependant qu'ils étaient frappés d'une incapacité moindre que celle des *orbi*. Il y a donc trois degrés d'incapables établis par les lois caducaires: 1° ceux qui n'ont pas contracté mariage, les *cælibes*, et pour ceux-là l'incapacité est *complète*; 2° ceux qui se sont mariés, mais n'ont pas eu d'enfants, les *orbi*, et ici l'incapacité n'est que *partielle*; 3° enfin, ceux qui ont des enfants d'un précédent mariage, mais qui ne se sont pas remariés; pour ces derniers, comme nous l'avons dit, le doute existe, mais l'incapacité devait être fort légère ([1]).

Cette incapacité, créée par les lois Julia et Papia Popæa ([2]), n'a d'effet vis-à-vis du *cælebs* ou de l'*orbus*, qu'en ce qui concerne le *jus capiendi*, et ne change rien à la *testamenti factio*. En effet, la personne gratifiée ne tombe sous le coup de ces lois que tout autant qu'elle est *cælebs* ou *orbus* au moment du décès du testateur ou de l'événement de la condition, c'est-à-dire au moment où son droit se fixe; on admet même que la déchéance ne la frappe pas, si elle contracte mariage ou devient père dans les cent jours qui suivent cette époque que nous venons de désigner ([3]). Si l'incapacité

([1]) Accarias, *Précis de Droit romain*, t. I, n° 373.

([2]) Ces lois sont appelées *leges caducariæ* et aussi *leges novæ*. La loi Julia est de l'année 757, la loi Papia Popæa de l'année 762.

([3]) Ulpien, XVII, § 2.

portait sur la *factio testamenti,* c'est-à-dire sur la faculté qu'a une personne *d'être instituée,* il faudrait remonter, pour constater la capacité, au jour même de la confection du testament; nous venons de voir qu'ici il en est tout autrement. On ne s'occupe donc que du *jus capiendi,* c'est-à-dire de la capacité qu'a une personne de recueillir le bénéfice d'une disposition testamentaire.

C'est à partir de ces lois Julia et Papia Popæa que fut introduite dans le droit romain la notion du *caducum.* Ce mot *caducum* désigne tout bien héréditaire que la personne à qui il a été laissé par une disposition testamentaire, d'une manière valable selon le droit civil, n'acquiert pas ou ne peut pas acquérir par quelque cause indépendante de la volonté du testateur (¹). M. Accarias dit de son côté qu'il faut entendre par *caduca,* dans le sens technique du mot, « toutes » les dispositions testamentaires qui, valables et sus-» ceptibles de produire leur effet, d'après l'ancien droit » civil, ne le manquent que par application des *leges* » *novæ* (²). »

Citons encore comme apportant des restrictions au droit de disposer, la loi *Junia* qui frappait les Latins Juniens; et constatons que la défense d'instituer des

---

(¹) V. Pellat sur Marezoll, *Droit privé des Romains,* § 233.
(²) Accarias, *Précis de Droit romain,* t. I, n° 374.

personnes incertaines, ainsi que la règle *semel heres
semper heres,* opposèrent une foule d'obstacles à la
réalisation de la volonté du testateur.

C'est précisément parce que le fidéicommis offrait un
moyen d'échapper à ces diverses prohibitions, qu'il
obtint immédiatement l'assentiment général. Cicéron
nous apprend que déjà de son temps on considérait
comme faisant un acte déshonnête, le citoyen qui
gardait ce qu'on l'avait chargé de rendre à titre
de fidéicommis. Après avoir raconté qu'un certain
Publius Sextilius Rufus, institué héritier par Fadius
Gallus, avec prière de restituer toute l'hérédité à
sa fille, avait retenu, comme du reste il le pouvait
en droit, toute cette succession, Cicéron ajoute :
« Tenuit permagnam Sextilius hereditatem, undè si
» secutus esset eorum sententiam qui onesta et recta
» emolumentis omnibus et commodis anteponerent,
» ne minimum quidem attigisset (¹). »

Nous savons aussi qu'il était d'un usage assez
répandu d'enchaîner par le serment la personne à qui
l'on confiait la charge d'un fidéicommis; et chez un
peuple au caractère profondément religieux, c'était
presque en assurer d'avance l'exécution.

L'empereur Auguste, après avoir exécuté lui-même

(¹) Cic., *De finibus bonorum et malorum,* liv. II.—V. M. de Caqueray,
Passages de droit privé contenus dans les œuvres de Cicéron, p. 464-465.

des fidéicommis établis à sa charge, céda enfin à l'opinion générale, et ordonna d'abord aux consuls d'inter-
poser leur autorité pour tel ou tel cas paraissant plus
favorable ; puis on créa un *prætor fideicommissarius*
qui était chargé de rendre la justice d'une manière
permanente, en matière de fidéicommis. Il est à
remarquer que ce magistrat ne délivrait pas de
formule d'action, mais statuait *extrà ordinem* : « *Non
per formulam fideicommissa petuntur ut legata, sed
cognitio est Romæ quidem consulum, provinciis vero præ-
sidum provinciarun* (¹). »

Signalons en passant une anomalie inexplicable qui,
malgré tout, se prolongea assez longtemps. Nous
venons de voir que l'empereur Auguste, voulant
porter un remède à la grande corruption des mœurs,
décréta les incapaçités des lois caducaires (²). Mais il
permit en même temps aux personnes que ces lois
frappaient, de recevoir des libéralités par fidéicommis,
c'est-à-dire qu'en sanctionnant une prohibition, il laissa
entre les mains des intéressés un moyen infaillible de
l'éluder.

Je crois qu'on chercherait vainement ailleurs que
dans l'impopularité universelle des lois caducaires, la

(¹) Ulp., *Reg.*, tit. XXV, § 12.
(²) Les lois décimaires survécurent aux lois caducaires dont elles
faisaient partie, et ne furent abolies que par Honorius et Théodose.

raison de la tolérance excessive dont les fidéicommis furent l'objet, jusqu'au moment où le sénatus-consulte Pégasien, rendu sous Vespasien en l'an 73 de J.-C., déclara les *cœlibes* et les *orbi* incapables de recevoir des libéralités, aussi bien par fidéicommis que par legs ([1]). Toutefois nous pensons, avec M. Machelard, que si l'on tolérait, avant le Pégasien, l'exécution spontanée d'un fidéicommis fait en faveur d'un incapable, on ne prêtait pas cependant la main à cette fraude, et que le fidéicommissaire n'avait certainement pas d'action en justice pour réclamer l'exécution.

A partir du sénatus-consulte Pégasien, les incapacités édictées contre les *cœlibes* et les *orbi* en matière d'institution et de legs furent étendues aux fidéicommis; c'est le commencement des lois restrictives en cette matière. Nous avons dit déjà que les pérégrins, incapables d'être institués héritiers ou légataires, avaient le *jus capiendi ex fideicommisso;* ce droit leur fut enlevé par un sénatus-consulte rendu sous Adrien, qui étendit aussi à la matière des fidéicommis l'incapacité qui frappait la *persona incerta* et le *postumus alienus* pour l'institution d'héritier et le legs ([2]). En un mot, on en vint à exiger pour les fidéicommissaires la même capacité que pour les légataires. Toutefois, le

---

([1]) Gaïus, *Com. II*, § 286.
([2]) Gaïus, *Com. II*, § 285 et 287.

principe qu'ils tirent leur origine *non ex rigore juris civilis, sed ex voluntate relinquentis* (¹), avait toujours prévalu, et les faisait exécuter d'une manière plus large que les institutions d'héritier et les legs. Ainsi, le disposant pouvait mettre un fidéicommis et non un legs à la charge d'un héritier *ab intestat* (²).

On laissait encore au *fideicommittens* la faculté de fixer un terme pour l'exécution du fidéicommis, tandis qu'il n'était pas permis d'instituer un héritier *ad certum tempus,* ou *ex certo tempore.* De plus, le fidéicommissaire étant obligé de s'adresser à un préteur particulier pour obtenir directement la *missio in rem* sans aller devant un *judex,* ce magistrat avait ainsi un large pouvoir d'appréciation dans l'exécution des fidéicommis, qui permettait de se conformer bien plus complètement que pour les legs, à la volonté du disposant.

Malgré tout, il est certain que les fidéicommis eurent, depuis les quelques réglementations que nous venons de faire connaître, une grande analogie avec les legs, et particulièrement avec le legs *per damnationem,* surtout depuis la Constitution, rendue en 339, par les fils de Constantin, qui supprima la nécessité des formules consacrées pour les différentes sortes de legs. C'est pour cela que Justinien, ayant décrété que tous

---

(¹) Ulp., *Reg.*, § 1-25.
(²) Ulp., *Reg.*, tit. XXV, § 4.

les legs auraient la même nature, fut amené à confondre entièrement les legs et les fidéicommis [1]. Il ne faut pas croire cependant que l'assimilation entre ces deux manières de disposer ait été complète ; Justinien se proposa tout simplement de supprimer les formules de rigueur qui les distinguaient, pour mieux assurer l'exécution de la volonté des disposants.

Justinien cite lui-même aux Institutes une différence remarquable entre les legs et les fidéicommis, différence qui subsista même après la fusion de ces deux manières de disposer, parce qu'elle dérivait de la nature même des choses : Celui, dit-il, qui est affranchi en vertu d'un fidéicommis, est l'*affranchi du fiduciaire*, et non du disposant, bien qu'il fût la propriété de ce dernier au moment de sa mort ; tandis que celui qui reçoit son affranchissement directement par testament, est l'*affranchi du testateur,* et prend le nom d'*orcinus*.

Il existe encore quelques autres différences que nous allons énumérer rapidement ; nous prenons, bien entendu, les fidéicommis et les legs dans le droit classique.

D'abord, les fidéicommis ne sont assujettis à aucune condition de forme ; ils sont valablement établis dans toute espèce d'actes, au moyen d'expressions simple-

---

[1] L. 1, C. *Communia de leg. et fideicom.*

ment précatives et peuvent occuper une place quelconque dans le testament. Les legs, au contraire, ne sont valables qu'à la condition d'être renfermés dans un testament, ou dans un codicille confirmé par testament. Ils ne peuvent résulter que d'une formule solennelle impérative, et doivent être placés après l'institution d'héritier.

La révocation des fidéicommis peut être faite par acte non solennel et au moyen de paroles quelconques; elle opère toujours *ipso jure*.

En ce qui concerne les personnes, celui qui meurt *intestat* peut laisser des fidéicommis à la charge de son héritier légitime; il ne pourrait lui imposer la charge d'un legs. On peut grever de fidéicommis toute personne que l'on gratifie, même un donataire *mortis causâ;* au contraire, un legs ne peut être mis qu'à la charge de l'héritier testamentaire.

On peut gratifier par fidéicommis des personnes incapables de recevoir à titre de legs.

Nous savons, toutefois, que la plupart des incapacités testamentaires furent de bonne heure étendues aux fidéicommis.

On peut laisser par fidéicommis la liberté à l'esclave d'autrui; on ne peut, au contraire, léguer la liberté à l'esclave d'autrui.

Au point de vue des effets, les fidéicommis n'engendrent jamais le droit de propriété et, par conséquent, ne donnent pas lieu au droit d'accroissement. Le fidéicommis de liberté ne procure jamais la liberté directe. Au contraire, parmi les legs, le legs *per vindicationem* confère la propriété et procure la liberté *ipso jure*.

Les fidéicommis n'engendrent pas une action, mais bien une *persecutio extraordinaria*, soumise aux règles des actions de bonne foi, notamment en ce qui concerne les intérêts et les fruits qui sont dus *ex mora*. Le legs, au contraire, donne naissance à de véritables actions du droit civil, tantôt la *rei vindicatio* comme action réelle, tantôt la *condictio ex testamento* comme action personnelle de droit strict.

En matière de fidéicommis, la dénégation de l'héritier au sujet de l'existence de la disposition, le soumet à des dommages-intérêts au simple ; s'agit-il d'un legs, au contraire, l'effet de la dénégation est de le faire condamner à des dommages-intérêts au double [1].

Celui qui exécute par erreur un fidéicommis qui n'était pas dû en réalité, a la *condictio indebiti* à sa disposition, tandis que la répétition de l'indû n'est pas admise en matière de legs *per damnationem* [2].

Enfin, il subsista toujours entre les fidéicommis et

---

[1] Gaïus, *Com. II*, § 282.
[2] Gaïus, *Com. II*, § 283.

les legs cette différence de nature, que le legs suppose, en général, une libéralité testamentaire au profit d'un gratifié unique, tandis que le fidéicommis suppose nécessairement deux ou plusieurs gratifiés appelés à recueillir, l'un à la suite de l'autre, le bénéfice d'une même disposition.

CHAPITRE Ier

De la forme et des modalités des fidéicommis. De la restitution.

Gaius et Justinien nous font connaître les termes dans lesquels le fidéicommis est habituellement conçu : *rogo, fideicommitto,* etc. Ces formules sont loin d'être spéciales et limitatives comme dans le legs; ici, la liberté d'expression que nous avons constatée à l'origine est demeurée à peu près intacte, malgré les efforts de quelques jurisconsultes qui voulaient faire proscrire certaines expressions.

Mais aussi il peut arriver que la disposition, soit par le laconisme ou l'obscurité de la phrase, soit par l'inexactitude des termes, présente un caractère d'ambiguïté qui ne permette pas de démêler d'une manière certaine l'intention du disposant. — Que fera-t-on dans ce cas? A quelle règle d'interprétation le jurisconsulte

devra-t-il s'attacher? Sur cette question, nous avons
des textes nombreux, dont les solutions semblent
n'être que l'application d'un même principe, et qui
nous indiquent la voie dans laquelle on peut marcher.
La règle que l'on peut établir d'après ces textes est
fondée sur la faveur dont les fidéicommis jouissaient
en droit romain; il faut essayer avant tout de découvrir la véritable intention du disposant; et pour cela,
on doit s'attacher moins au sens littéral, à la signification technique des termes dont il s'est servi, qu'à leur
acception vulgaire et usuelle. On doit également tenir
compte de ses sentiments, de ses affections, en un mot
de toutes les présomptions qui peuvent expliquer de
sa part une intention bienveillante. Enfin, si la volonté
n'apparaît pas avec certitude, malgré toutes les recher-
ches, il faut, plutôt que de laisser la disposition sans
effet, se prononcer *pour l'existence* du fidéicommis [1].

Cette règle nous paraît très rationnelle. Il s'agit, en
effet, de dispositions où la volonté du disposant est la
loi souveraine, et les termes employés n'ont de valeur
que comme expression de cette volonté. Le bon sens
indique donc qu'il faut, dans le doute, s'attacher bien
moins aux termes eux-mêmes qu'à l'intention probable
qui s'y trouve cachée, subordonner la formule à la

[1] LL. 12 et 24; D. 34, 4. — L. 16; D. 36, 1. — LL. 12 et 56;
D. 50, 17.

pensée qu'elle traduit, avoir pour unique souci de dégager cette dernière, et surtout lui accorder, autant que possible, un effet utile. D'ailleurs, puisque ces dispositions sont éminemment favorables aux yeux du législateur, c'est se conformer sans doute à l'esprit de la loi que d'admettre à leur égard les règles de l'interprétation la plus large.

Le fidéicommis peut être *pur* et *simple,* et son exécution se produire sans délai après que l'héritier ou la personne qui en est grevée a fait adition ou recueilli la disposition en premier ordre. Il peut encore être fait à terme suspensif ou extinctif, subordonné à une condition suspensive ou résolutoire.

Le fidéicommis peut encore être fait sous une alternative; alors, en cas de silence du disposant, le choix appartiendrait au fiduciaire. Enfin, on peut toujours, au moyen d'un fidéicommis, mettre une obligation solidaire à la charge de plusieurs fiduciaires; seulement comme le fidéicommis n'engendre pas d'action *stricti juris,* nous pensons qu'il n'y aurait pas dans ce cas *corréalité,* mais simplement *dette in solidum.*

Nous avons dit que le terme pouvait être suspensif ou extinctif. — Le terme suspensif a pour effet de *retarder* l'exigibilité du droit; le terme extinctif le fait cesser dans l'avenir. — Le terme consiste dans un événement dont la réalisation est certaine, mais dont l'époque peut ne pas être fixée; il y a alors un *dies incertus*. En présumant l'intention du disposant, on admet que le *dies incertus* vaut comme condition dans les dispositions de dernière volonté ([1]). Il faut donc que le bénéficiaire soit vivant et capable à l'échéance du terme incertain; s'il vient à mourir avant cette époque, la disposition ne pourra pas s'ouvrir dans la personne de ses héritiers. — Enfin on peut reporter l'exigibilité d'un fidéicommis, soit à la mort, soit après la mort du fiduciaire ([2]), c'est-à-dire qu'on peut charger l'héritier institué de remettre à sa mort l'hérédité à un tiers, ou bien disposer qu'après la mort de l'héritier, la succession qu'on lui a laissée appartiendra à un tiers ([3]).

Si le terme peut être suspensif ou extinctif, la condition peut être suspensive ou résolutoire. La condition suspensive retarde l'existence du fidéicommis jusqu'à sa réalisation, et la condition résolutoire entraîne, par son événement, l'extinction du fidéicommis. Je ne veux pas dire par là que l'extinction a lieu *ipso jure,* mais seulement que l'arrivée de la condition résolutoire donne aux intéressés, soit une

[1] L. 75; D. 35, 1.
[2] Ulp., *Reg.*, XXV, § 8.
[3] Gaïus, *Com. II,* § 277.

action personnelle en restitution, soit une exception. Les conditions impossibles ou illicites sont réputées non écrites, comme en matière de legs. Mais, que décider si la condition illicite est imposée, non plus au fidéicommissaire, mais au fiduciaire lui-même? Supposons, par exemple, que le testateur l'ait chargé du fidéicommis pour le cas seulement où la condition ne serait pas accomplie; dans un cas pareil, le fiduciaire se trouve intéressé à exécuter la condition. C'est un exemple du fidéicommis *pœnæ nomine*, c'est-à-dire d'un fidéicommis dans lequel le disposant a pour but principal, non pas de gratifier le fidéicommissaire, mais bien de l'imposer au fiduciaire comme une punition, pour le contraindre, dans la crainte d'en être chargé, à faire ou à ne pas faire un certain acte que le disposant lui a prescrit et dont il tient à le détourner. Dans le droit classique, ce fidéicommis était radicalement nul [1]; depuis Justinien il ne l'est que lorsque le fait ou l'abstention indirectement imposés au fiduciaire présente un caractère illicite [2].

Le fidéicommis, dans le droit classique, n'engendre qu'un simple droit de créance, mais ne transfère pas la propriété [3]. Ainsi, supposons un fidéicommis ayant

---

[1] Gaïus, *Com. II*, § 288.
[2] Just., *Inst.*, § 36, II, 20.
[3] Paul, *Sent.*, IV, 1, § 18.

pour objet une chose corporelle; la propriété de cette chose ne passera sur la tête du fidéicommissaire, que lorsque le fiduciaire la lui aura transmise au moyen d'un mode entre vifs translatif de propriété. — De même si le disposant a laissé, par fidéicommis, une servitude à établir sur un de ses immeubles, cette servitude n'existera qu'au jour où le fiduciaire l'aura concédée.

Voyons donc quels sont les devoirs du fiduciaire et comment peut s'opérer la restitution.

La personne chargée de la restitution est désignée dans les textes sous le nom de *fiduciaire*.

Pris dans ce sens général, l'héritier fiduciaire n'est autre chose que l'héritier grevé, et, par conséquent, l'opposé de l'héritier fidéicommissaire, auquel la succession doit être rendue. Cette restitution s'opère par le simple accord des volontés; il n'est pas nécessaire, pour l'effectuer, que l'héritier fiduciaire fasse une véritable tradition des choses héréditaires; il suffit qu'il déclare verbalement qu'il restitue.

En se dessaisissant du droit qu'il avait comme héritier sur les objets compris dans le fidéicommis, le fiduciaire, avons-nous dit, opérait la restitution, mais il n'en restait pas moins héritier d'après le droit civil; il était seul le continuateur de la personne du défunt, parce que seul il avait été investi du titre d'héritier par la loi ou par un testament : *restituta autem hereditate nihilominùs heres permanet.*

Le fiduciaire pouvait donc seul poursuivre les débiteurs et être actionné par les créanciers du défunt ; c'est pour échapper à cette situation que les parties simulaient une vente. L'hérédité était vendue *nummo uno*, pour un prix fictif, au fidéicommissaire auquel elle devait être restituée, et il était stipulé que le fidéicommissaire indemniserait le fiduciaire de tout ce qu'il serait obligé de payer, comme héritier, aux créanciers du défunt, et qu'il le défendrait contre les poursuites dirigées contre lui en cette qualité [1].

De son côté, le fidéicommissaire acheteur stipulait du fiduciaire qu'il lui remettrait toutes les choses héréditaires qui pourraient lui être rendues en sa qualité d'héritier, et qu'il lui permettrait de poursuivre les débiteurs héréditaires, en qualité de *procurator in rem suam.*

Ces stipulations portaient le nom de *stipulationes emptæ et venditæ hereditatis,* et constituaient le fidéicommissaire *loco emptoris.* Mais Gaius nous fait remarquer que ces stipulations étaient en usage autrefois, et que de son temps déjà elles étaient tombées en désuétude. Elles présentaient ce grave inconvénient

---

[1] Gaïus, *Com. II,* § 252.

que les recours réciproques de chacun des stipulants contre son promettant pouvaient devenir illusoires, à raison de son insolvabilité.

Sous le règne de Néron, on voulut remédier à cet état de choses; c'est alors, en effet, que fut rendu le sénatus-consulte Trébellien dont nous trouvons les termes dans Gaius (¹) : « En cas de contestations soulevées à propos des biens attribués par hérédité fidéicommissaire, comme il était juste qu'elles fussent aux risques de celui auquel avaient été restitués et les biens et les fruits, afin que la bonne foi du fiduciaire ne fût pas pour lui une source de dangers : il a été décidé que toutes les actions qui, en droit civil, devraient être données à l'héritier et contre lui, seraient données au fidéicommissaire et contre lui. »

A partir de ce sénatus-consulte, le fidéicommissaire n'est plus *emptoris loco*, mais bien *heredis loco*, c'est-à-dire qu'il se trouve investi des actions héréditaires tant actives que passives (²). Ces actions peuvent donc être intentées par lui et contre lui; mais ce sont seulement des actions *utiles* accordées par le préteur. Quant aux actions directes, elles restent dans la main de l'héritier, et comme, d'après le droit civil, ce dernier pourrait encore actionner et être actionné, le

---

(¹) L. 1, § 2, D., *ad senat. Trebell.*
(²) Gaïus, *Com. II*, § 251.

préteur a établi l'exception *restitutæ hereditatis* qui permet de repousser, soit les prétentions des créanciers héréditaires, soit celles de l'héritier lui-même vis-à-vis des débiteurs : « Qui ex Trebelliano senatus-» consulto hereditatem restituit, sive petat à debito-» ribus hereditariis, sive ab eo petatur, exceptione » restitutæ hereditatis, adjuvari, vel summoveri » potest ([1]). »

Sous l'empire de ce sénatus-consulte, il est évident que l'héritier grevé de fidéicommis peut faire adition sans danger, puisque, la restitution une fois opérée, il ne peut plus être efficacement actionné par les créanciers du défunt; mais, comme il pouvait être chargé de restituer la plus grande partie de l'hérédité, et même l'hérédité tout entière, il se trouvait n'avoir plus aucun intérêt à faire adition; il répudiait donc l'hérédité et laissait ainsi tomber le fidéicommis avec le testament qui le contenait.

C'est pour donner aux institués un intérêt à faire adition, qu'une nouvelle disposition législative, le sénatus-consulte Pégasien, rendu en l'an 73 sous Vespasien, étendit aux fidéicommis le système de la loi Falcidie sur les legs. Cette loi avait assuré *le quart* de l'hérédité aux héritiers grevés de legs, afin de les

---

([1]) Julien, L. 27, § 7, D., *ad senat. Trebell.*

pousser à faire adition ; le sénatus-consulte qui nous occupe, voulant atteindre le même but, donna au fiduciaire le droit de garder *le quart du fidéicommis : perindè liceret quartam partem retinere, atque è lege Falcidia in legatis retinere conceditur* (¹).

Ce dernier sénatus-consulte n'abroge pas entièrement, comme nous allons le voir, le sénatus-consulte Trébellien. Il y a lieu, selon les cas, à l'application de l'un ou de l'autre, mais lorsque le Pégasien est appliqué, le fidéicommissaire n'est plus *heredis loco,* il est *loco legatarii;* les actions ne lui passent plus directement, mais entre lui et le fiduciaire interviennent les stipulations *partis* et *pro parte,* en usage entre l'héritier et le légataire partiaire.

Disons maintenant quelques mots de la quarte Pégasienne ; elle suit en principe les règles de la quarte Falcidie, et les jurisconsultes confondent toujours ces deux quartes sous le nom de cette dernière (²). Nous remarquons cependant que, dans le droit classique, la quarte Pégasienne ne se calcule que *déduction faite des dettes* (³). L'héritier n'a donc plus besoin de stipuler le remboursement des dettes qu'il aurait payées. A partir de Justinien il n'en est plus de

---

(¹) Gaïus, *Com. II,* § 254.

(²) V. Accarias, *Précis de Droit romain,* t. I, p. 948.

(³) Paul, IV, 3, § 3.

même; les actions se divisant entre le fiduciaire et le fidéicommissaire, le premier ne sera inquiété par les créanciers que jusqu'à concurrence du quart du passif, et, par conséquent, la restitution des trois quarts de l'actif, dettes comprises, ne présentera pour lui aucun inconvénient.

L'héritier doit imputer sur la quarte Pégasienne tout ce qu'il a reçu, mais rien que ce qu'il a reçu *jure hereditario*. S'il s'agit d'un fidéicommis fait à terme ou sous condition, l'héritier impute sur sa quarte les fruits perçus *pendente conditione* ou *ante diem,* mais il ne doit pas imputer les fruits perçus par lui grâce à la négligence du fidéicommissaire, parce que ce bénéfice ne vient pas de sa qualité d'héritier [1]. Lorsque le testament impose au fidéicommissaire l'obligation de compter à l'héritier une certaine somme comme prix de la restitution, l'imputation de cette somme est obligatoire, parce qu'on ne la répute pas donnée *implendæ conditionis causâ* [2].

Nous parlerons un peu plus loin du cas où il faut restituer l'hérédité, moins un objet déterminé qui peut ne pas égaler le quart de l'actif.

Nous avons dit que le sénatus-consulte Pégasien avait eu pour but, en accordant la quarte au fiduciaire,

---

[1] L. 22, § 2, *ad senat.-consult. Trebell.*
[2] L. 30, § 7, *ad leg. Falcid.*

de le pousser à faire adition; nous pouvons ajouter qu'il pouvait être forcé par le fidéicommissaire à accepter l'hérédité, afin de la restituer, dans le cas où son refus ne serait fondé que sur un caprice égoïste et non sur des motifs réels ([1]).

Toutes les fois que l'héritier fiduciaire n'était pas chargé de restituer plus des trois quarts de l'hérédité, le motif de la disposition du Pégasien n'existait plus; il n'y avait donc plus lieu de l'appliquer, et le sénatus-consulte Trébellien devait reprendre toute sa force; c'est ce que Gaius nous dit en propres termes : *Ergo si quidem non plus quam dodrantem hereditatis scriptus heres rogatus sit restituere, tum ex Trebelliano senatus-consulto restituetur hereditas* ([2]). Les actions héréditaires sont données comme actions utiles au fidéicommissaire, et comme actions directes au fiduciaire, selon la part qui revient à chacun d'eux dans l'hérédité. Mais ici se présentait une difficulté qui divisait les jurisconsultes romains : il peut arriver qu'un fiduciaire chargé de restituer toute l'hérédité refuse de retenir la quarte à laquelle lui donne droit le sénatus-consulte Pégasien, fasse volontairement adition et restitue l'hérédité dans son entier. Lequel des deux sénatus-consultes faudra-t-il appliquer ? Selon Gaius

---

([1]) V. Pellat, § 226, sur Marezoll : *Droit privé des Romains.*
([2]) Gaïus, *Com. II,* § 255.

c'est le Pégasien, et la seule différence entre le cas où le fiduciaire retient la quarte et celui où il ne la retient pas, c'est que, dans la première hypothèse, les parties devront recourir aux stipulations *partis* et *pro parte,* et dans la seconde aux anciennes stipulations *emptæ et venditæ hereditatis.*

Cette doctrine était repoussée par d'autres jurisconsultes, notamment par Paul ([1]) et par Modestin ([2]) qui pensaient que le sénatus-consulte Trébellien redevenait seul applicable, au cas où le fiduciaire refusait de faire réduire le fidéicommis ainsi que le Pégasien lui en donnait le droit. Pour mon compte, je trouve cette opinion des deux jurisconsultes plus logique que celle de Gaius; si l'on songe, en effet, que le dernier sénatus-consulte n'avait pas eu pour but d'abroger le premier, mais de le suppléer dans certains cas, en portant l'institué, par l'appât d'un gain certain, à faire adition, et cela dans l'intérêt du fidéicommissaire, on comprendra que c'est bien mal récompenser le désintéressement du fiduciaire qui a repoussé les avantages du second sénatus-consulte pour se mettre simplement sous la protection du premier, que de lui refuser cette protection plus efficace pour lui du Trébellien.

Le sénatus-consulte Pégasien prévoyait un autre

([1]) Paul, *Sent.,* liv. IV, tit. III, § 2.
([2]) L. 45, D., *ad senat. Trebell.*

cas où les règles du Trébellien étaient encore applica
bles; nous en avons déjà dit un mot en passant; c'était
celui où l'héritier institué refusait de faire adition
parce que l'hérédité lui paraissait mauvaise; sur la
demande du fidéicommissaire, le préteur ordonnait
à l'héritier de faire adition et de restituer : « *Perindè ei
et in eum qui receperit actiones dantur ac juris est ex
senatus-consulto Trebelliano. Quo casu nullis stipulatio-
nibus opus est, quia simul et huic qui restituit securitas
datur, et actiones hereditariæ ei et in eum transferun-
tur qui receperit hereditatem* (¹) ».

Nons avons vu que l'application du sénatus-consulte
Pégasien nécessitait l'emploi de stipulations *partis et
pro parte,* et dans un cas particulier, de celles *emptæ
et venditæ hereditatis*. Frappé de l'observation de
Papinien qui les considère comme *captieuses,* Justinien
supprima le sénatus-consulte Pégasien, ou plutôt
réunit les deux sénatus-consultes en un seul auquel il
conserva le nom de Trébellien. A partir de ce changement la restitution se fera toujours *ex Trebelliano,*
c'est-à-dire que toutes les actions passeront directement au fidéicommissaire. Mais, conformément au
sénatus-consulte abrogé, l'héritier chargé de restituer
l'hérédité entière pourra retenir ou parfaire sa quarte.

(¹) Gaïus, *Com. II*, § 258.

Justinien va jusqu'à lui permettre de la répéter, si par erreur il a payé plus des trois quarts, ce qui paraît être une véritable innovation, puisque Paul nous dit formellement que la répétition n'était pas permise sous l'empire du sénatus-consulte Pégasien (¹). Enfin, si l'héritier refuse de faire adition malgré le désir du fidéicommissaire d'obtenir la restitution de l'hérédité, il y sera contraint de plein droit (²).

On peut supposer que le testateur a chargé son héritier de rendre toute l'hérédité, moins un objet déterminé; on devra examiner alors si l'objet vaut le quart; s'il lui était inférieur, l'héritier aurait le droit de faire compléter sa quarte jusqu'à due concurrence, et depuis Justinien, ce serait encore le sénatus-consulte Trébellien qui serait applicable. Mais il n'en faut pas moins soigneusement distinguer ce cas d'avec celui où l'héritier est grevé de fidéicommis, *quartâ parte retentâ;* car, dans le premier cas, les actions passent toutes au fidéicommissaire, et, dans le second, elles se divisent entre l'héritier et le fidéicommissaire (³).

Justinien explique avec plus de développements encore que l'héritier qui restitue l'hérédité, *deductâ*

(¹) Paul, *Sent.*, liv. IV, tit. III, § 4.
(²) *Instit.*, liv. II, tit. XXIII, § 7.
(³) Marcien, L. 30, D., § 3.

sive præceptá aliquá re, n'est considéré que comme un légataire à titre particulier, *sine ullo onere heredi-tario* ([1]).

Dans le cas où l'héritier, trouvant que l'objet à lui réservé dans l'hérédité est inférieur à sa quarte, voulait la faire compléter, il arrivait d'ordinaire que l'empereur intervenait pour faire respecter la volonté du défunt, à moins que ce dernier n'eût accordé aucun droit de prélèvement à son héritier, auquel cas on lui accordait sa quarte tout entière. Justinien alla plus loin ; il autorisa les testateurs à empêcher le fiduciaire de faire aucun prélèvement.

Le fidéicommis pouvait exister en dehors de tout testament, en vertu d'un simple codicille, à la charge, soit de l'héritier légitime, soit de celui que le droit prétorien appelait à la succession en qualité de *bonorum possessor* ([2]). Il est même probable qu'à l'origine les fidéicommis étaient mis à la charge d'héritiers *ab intestat* qu'on ne pouvait grever d'aucun legs. Mais Ulpien nous fait remarquer que le *de cujus,* pour charger valablement son héritier *ab intestat* d'un fidéicommis, a dû mourir capable de faire un testament ([3]). Et ici une question avait divisé les jurescon-

---

([1]) *Instit. de fid. hered.,* § 9.
([2]) Gaïus, *Com. II,* § 270.
([3]) Ulp., *Reg.,* tit. XXV, § 4.

sultes romains : c'était celle de savoir si les sénatus-
consultes Trébellien et Pégasien devaient s'appliquer
au fidéicommis *dans le cas d'hérédité ab intestat.* Le
motif du doute venait de ce que le sénatus-consulte
Trébellien ne semblait prévoir que le cas d'un fidéicommis *ex testamento restitutum.* Nous savons toujours
que l'empereur Antonin le Pieux avait permis aux
successeurs *ab intestat* de retenir la quarte, conformément au sénatus-consulte Pégasien (¹).

Si le premier fidéicommissaire est chargé de restituer à un autre, faudra-t-il lui accorder le droit de
retenir à son tour une nouvelle quarte? En principe,
non. Cependant, si l'héritier a fait adition *jussu præ-
toris,* en restituant par conséquent toute l'hérédité, il se
trouve que le premier fidéicommissaire prend, pour
ainsi dire, la place de l'institué et peut retenir la quarte
à sa place (²).

Nous avons déjà dit que la restitution pouvait se
faire verbalement; Ulpien nous apprend qu'elle peut
encore avoir lieu par lettre, par message ou par
l'entremise d'un tiers mandataire du fidéicommissaire,
enfin que le grevé peut donner mandat de l'opérer.
Plus simplement encore, la restitution pouvait se faire
re ipsâ, quand le fidéicommissaire, avec le consente-

(¹) L. 18, D., liv. XXXV, tit. XI.
(²) L. 63, D., *ad senat. Trebell.*

ment du fiduciaire, se mettait en possession de l'hérédité, les deux parties ayant l'intention, l'une de
restituer, l'autre de recevoir.

Le pupille chargé de restituer une hérédité devait
faire la restitution en personne, avec l'autorisation de
son tuteur; le tuteur ne pouvait restituer sans le pupille
que lorsque ce dernier était encore *infans* (¹).

Mais le tuteur ne pouvait valablement autoriser son
pupille si la restitution devait être faite à lui-même.
Enfin la restitution faite au pupille n'était valable
qu'autant que le tuteur avait donné son autorisation (²).
Et ce dernier cas présentait autrefois de graves difficultés, lorsque la restitution devait être faite à un
pupille encore *infans* (³). En effet, supposons d'abord
que le grevé de fidéicommis au profit de l'*infans* a
fait volontairement adition; dans ce cas, l'hérédité
sera restituée au pupille lui-même, ou à un de ses
esclaves, *tutore auctore;* car, nous dit Marcien, la
circonstance que le pupille ne parle pas encore, ne
sera pas plus un obstacle à la restitution qu'elle ne le
serait pour un muet capable de manifester sa volonté.
Mais si l'héritier refuse de faire adition, le cas devient
plus délicat, et le jurisconsulte avoue lui-même son

(¹) L. 37, § 1, D., *ad senat. Trebell.*
(²) L. 37, § 2.
(³) L. 65, § 3, D., *ad senat. Trebell.*

embarras en présence de cette hypothèse : *Quemad-modum res expediri possit, difficile est.*

En effet, la demande adressée au préteur de forcer l'héritier à faire adition, suffit, d'après le sénatus-consulte Trébellien, pour que l'hérédité soit mise aux risques du pupille ; c'est une véritable adition d'hérédité. Cependant nous savons que cet acte est réservé à la partie intéressée en personne, et que le pupille ne peut pas agir lui-même puisqu'il est encore *infans*. Le jurisconsulte trouve, pour venir au secours du pupille, un moyen tiré par analogie du droit civil et du droit prétorien : Si le pupille, dit-il, avait été institué héritier, il aurait certainement pu faire des actes d'héritier avec l'*auctoritas* de son tuteur ; de plus, s'il s'était agi d'une *bonorum possessio*, c'est-à-dire d'une succession prétorienne, il est de principe que le tuteur aurait pu l'exercer pour lui ; par analogie, le tuteur pourra contraindre l'héritier grevé à faire adition et à restituer.

Ces difficultés reçurent plus tard une solution définitive, dans une constitution des empereurs Théodose et Valentinien. Il fut désormais permis dans ce cas au tuteur de faire adition au nom du pupille et de lui acquérir ainsi l'hérédité.

CHAPITRE II

Des différentes choses qui peuvent être l'objet d'un fidéicommis. — De la preuve du fidéicommis. — Des fidéicommis au point de vue des personnes.

Nous venons de voir la transmission par fidéicommis d'une hérédité tout entière; nous allons constater maintenant qu'on peut transmettre des objets particuliers. Ulpien nous apprend que le fidéicommis avait, sous le rapport des objets qu'il pouvait comprendre, la même latitude que le legs *per damnationem : Res per fideicommissum relinqui possunt, quæ etiam per damnationem legari possunt* ([1]). Cette disposition peut être mise à la charge, soit de l'héritier institué, soit du légataire, bien que ce soit depuis Justinien seulement qu'on a pu mettre un legs à la charge d'un premier légataire.

Comme dans le legs *per damnationem,* on pouvait laisser par fidéicommis, non seulement sa chose, sa propriété, mais encore la chose d'autrui ou celle du fiduciaire, avec cette restriction que dans le cas de restitution d'une *res aliena,* le fiduciaire ne pouvait être chargé de restituer plus qu'il n'avait reçu : *hoc*

([1]) Ulp., *Reg.*, tit. XXV, § 5.

*solum observandum est ne plus quisquam rogetur alicui
restitueri, quam ipse ex testamento ceperit; nam quod
ampliùs est inutiliter relinquitur* ([1]).

Cependant si l'objet à restituer appartenait au fiduciaire, il ne pourrait le refuser sous le prétexte qu'il
vaut plus que ce qu'il a reçu ; en effet, en acceptant la
disposition faite en sa faveur, il s'est soumis à toutes
les charges qui la grèvent. Il y avait, entre le cas où
la *res aliena* avait été laissée par fidéicommis, et celui
où elle avait été léguée *per damnationem,* cette différence que dans la première hypothèse le fidéicommis
s'évanouissait lorsque le maître de la chose refusait
de la vendre, tandis que, dans la seconde, l'héritier
devait l'estimation ([2]). C'était l'opinion de quelques
jurisconsultes ; mais elle n'était probablement plus en
vigueur au temps de Justinien puisqu'il n'en parle
d'aucune façon.

Le *fideicommittens* peut aussi charger le fiduciaire
d'affranchir soit un esclave lui appartenant, soit celui
du fiduciaire, soit même l'esclave d'autrui. Dans ce
dernier cas le grevé doit l'acheter pour l'affranchir.
Qu'arrivera-t-il alors si son maître refuse de le vendre?
Le fidéicommis de la liberté s'évanouit sans retour,
nous dit Gaius, *sanè extinguitur libertas, quia pro*

([1]) Just., *De singul. reb. per fidei relict.,* § 1.
([2]) Gaïus, *Com. II,* § 262.

libertate pretii computatio nulla intervenit (¹). Ulpien était du même avis, mais un rescrit de l'empereur Alexandre adoucit la rigueur de cette doctrine. On décida que le fiduciaire ne serait plus libéré par cela même de son obligation, mais qu'il devrait plus tard, si l'occasion s'en présentait, acheter l'esclave pour l'affranchir. Aux *Institutes,* Justinien ne reproduit que la décision d'Alexandre.

Comme toute disposition de l'homme, le fidéicommis ne peut porter que sur les choses qui sont *in commercio.* Il y aurait nullité de la disposition si l'objet du fidéicommis était une de ces choses qu'un obstacle légal a placées absolument en dehors des transactions humaines. Le fidéicommis ne serait pas valable, alors même qu'on l'aurait fait sous la condition expresse que la chose cesserait d'être *extrà commercium* au moment de l'ouverture de la disposition (²).

Au point de vue de l'étendue de la disposition, le fidéicommis peut avoir pour objet, soit l'hérédité du disposant tout entière, soit une quote-part de cette hérédité ; dans ce cas il est dit *universel* et imite l'institution d'héritier.

S'il a pour objet, au contraire, telle ou telle chose particulière, comme un fonds de terre, une somme

---

(¹) Gaïus, *Com. II,* § 265.
(²) Just., *Instit.,* § 2, III, 19.

d'argent, il est dit *particulier* et imite le legs ([1]). Enfin, dans certains cas, le fiduciaire peut n'être chargé de restituer que le surplus des biens du disposant qui restera entre ses mains au moment de son décès ; c'est le fidéicommis *de residuo* ou *de eo quod supererit*. En chargeant le fiduciaire de restituer seulement les biens qui resteraient en sa possession au moment de son décès, le disposant ne l'a grevé que d'une obligation tout à fait éventuelle. Toutefois, afin d'assurer un effet à la disposition et d'enlever à l'obligation de rendre le caractère d'une charge purement potestative, on avait restreint entre les mains du fiduciaire la faculté d'aliéner, que la disposition semblait lui accorder d'une façon illimitée. On décidait donc qu'il ne pourrait disposer qu'à titre onéreux, pour ses besoins réels, de bonne foi et sans fraude, *arbitrio boni viri* ([2]).

Il devait d'ailleurs restituer les biens avec le montant des aliénations et des sommes employées à l'acquit de ses dettes personnelles. Justinien décida même que le fiduciaire devait toujours réserver *au moins le quart des biens* au fidéicommissaire ([3]).

Comme le fiduciaire ne peut être chargé de restituer que parce qu'il a reçu une certaine valeur, il ne peut

---

([1]) Just., *Instit.*, § 2, II, 23.
([2]) L. 58, § 8, D., 36, 1.
([3]) *Nov.* 108, ch. I.

pas être tenu de rendre au-dessus de ce qu'il a reçu.
Le fidéicommis ne vaut donc jamais que dans la limite
de la valeur recueillie par le fiduciaire lui-même. Il
faut donc déterminer une valeur *maxima* que le fidéicommis ne pourra dépasser.

Nous savons que les fidéicommis sont constitués par
la volonté seule du disposant. Par conséquent, pour
établir leur existence, il suffit de prouver cette volonté.
A défaut d'écrit, la preuve peut se faire simplement
par témoins (¹). Une constitution de Théodose le Jeune
exigeait dans tout acte de dernière volonté autre que
le testament, à défaut d'écrit, l'intervention de cinq
témoins. Cette mesure ne fut pas établie *ad solemni-
tatem*, mais seulement *ad probationem* pour faciliter la
preuve du fidéicommis, qui d'ailleurs peut fort bien
être administrée en l'absence de cette formalité. En
effet, Justinien prévoyant le cas où celui qui prétend
avoir reçu un fidéicommis se trouve dans l'impossibilité
complète d'en faire la preuve, soit par écrit, soit par
les cinq témoins dont parle la constitution de Théodose,
lui permet formellement de déférer le serment au prétendu fiduciaire, qui devra affirmer qu'à sa connaissance
le disposant n'a pas eu l'intention de le grever d'un

(¹) Liv. VI, *Cod.*, tit. XLII, loi 22, *de fidei*.

fidéicommis, ou bien qui perdra son procès en cas de refus de serment.

Occupons-nous maintenant des personnes qui peuvent disposer par fidéicommis, de celles qui peuvent en être grevées, et enfin de celles à qui on peut laisser un fidéicommis.

Toute personne ayant la capacité nécessaire pour faire une disposition principale, peut disposer par fidéicommis. Ainsi, le fils de famille peut mettre un fidéicommis à la charge d'un donataire *mortis causâ*, parce qu'il peut faire une donation *mortis causâ* avec la permission de son père (¹).

La *testamenti factio* active doit exister chez la personne qui fait un fidéicommis par testament ou codicille (²). Si le fidéicommis est compris dans un testament, il faudra appliquer les règles des testaments eux-mêmes pour savoir à quel moment la *factio testamenti* doit exister chez le disposant. Cela n'offre pas de difficulté, puisqu'en pareil cas le fidéicommis se trouve être une des dispositions du testament. Le disposant devra donc avoir sa capacité : 1° au moment de la confection du testament; 2° au moment de son décès; 3° dans l'intervalle qui s'est écoulé entre le testament et le décès. Telle est la règle du droit civil,

---

(¹) LL. 10 et 25, § 1, D., 39, 6.
(²) Ulp., *Reg,*, XXV, § 4.

mais nous savons que le droit prétorien n'exigeait la
capacité qu'aux deux premières de ces époques ([1]).

Si le fidéicommis est purement verbal ou contenu
dans un codicille non confirmé par testament, il faudra
se préoccuper de l'existence de la capacité chez le
disposant à l'époque où il aura manifesté sa volonté. —
Mais si le fidéicommis est fait par un codicille confirmé
par testament, on devra en revenir aux règles que
nous avons données tout à l'heure, à cause du caractère
essentiellement accessoire du codicille confirmé qui
fait partie intégrante du testament lui-même; et de plus
le disposant devra être capable au moment même de
la rédaction du codicille ([2]). Cette opinion a soulevé de
nombreuses objections, et on cite plusieurs lois qui la
combattent ([3]). Une distinction est, je crois, nécessaire
à établir : en effet, s'il s'agit d'un codicille postérieur
au testament qui le confirme, on conçoit fort bien que
la capacité du disposant ne soit plus exigée au moment
de la rédaction de ce codicille. Nous savons, en effet,
que le droit prétorien n'exigeait pas la capacité dans
l'intervalle qui s'écoulait entre le testament et le décès.
Mais si le codicille est antérieur au testament confir-
matif, pourra-t-on argumenter de ces mêmes textes

([1]) Just., *Instit.*, § 6, II, 17.

([2]) LL. 6, § 3, 7 et 8, § 2, D., 29, 7.

([3]) L. 12, § 5, D., 49, 15, et L. 8, § 3, D., 29, 7.

pour soutenir que la capacité n'est pas requise au moment de sa rédaction? Nous ne le croyons pas.

Quelles personnes peuvent être grevées de fidéicommis? En général toutes celles qui, par la volonté expresse ou présumée du défunt, détiennent à titre gratuit une valeur quelconque ayant appartenu à ce dernier (¹). Sont compris dans cette classification : l'héritier institué, le légataire, un premier fidéicommissaire qui peut être chargé de restituer à un deuxième, ce dernier à un troisième et ainsi de suite, sans qu'une limite soit déterminée.

Les fidéicommis ainsi faits se nomment *successifs, graduels* et *perpétuels,* quand ils s'adressent à tous les descendants. L'héritier *ab intestat* peut être grevé de fidéicommis, parce qu'il est considéré comme un véritable gratifié, recevant de la main du défunt tout ce que ce dernier ne lui a pas enlevé. Cette règle ne devra plus recevoir application quand il apparaîtra clairement que l'héritier *ab intestat* arrive à la succession, malgré la volonté contraire du *de cujus.* Supposons, par exemple, que l'héritier légitime ait fait casser le testament prétorien dans lequel il avait été omis, au moyen de la *bonorum possessio contrà tabulas;* ou bien encore qu'il ait intenté la *querela*

(¹) Gaïus, *Com. II*, § 260 et 271.

inofficiosi testamenti contre le testament qui l'avait injustement exhérédé ; on voit clairement que l'héritier succède contre la volonté du défunt, et on décide, en général, qu'il ne sera pas tenu d'exécuter les fidéicommis, dont le défunt aurait voulu assurer l'exécut'on au moyen d'un codicille ([1]). Justinien, modifiant ces principes, décida que tout en écartant l'héritier testamentaire, la *querela inofficiosi testamenti* laissait subsister à la charge de l'héritier légitime les dispositions contenues dans le testament ([2]).

On ne demande pas au fiduciaire une capacité spéciale ; il doit pouvoir, suivant les cas, être institué héritier, ou gratifié à titre de légataire, etc.

Enfin, à qui peut-on laisser par fidéicommis ?

Le fidéicommis, à l'origine, avait pour but unique de permettre au disposant de gratifier une personne frappée d'incapacité par la loi civile. Il pouvait donc avoir lieu au profit de toute personne. Ainsi, pouvaient recevoir par fidéicommis non seulement les personnes capables d'être héritiers ou légataires, mais encore celles qui étaient privées de la *factio testamenti* passive, c'est-à-dire du droit de figurer valablement dans un testament ; et celles qui n'avaient pas le *jus*

([1]) L. 2, D., *de legat.*, 3°. — L. 8, § 16, D., 5, 2.
([2]) *Nov.* 115, ch. IV, § 9.

capiendi, c'est-à-dire le droit de profiter d'une libéralité testamentaire.

Nous avons signalé déjà les abus qui résultaient d'un pareil état de choses, et les modifications qui furent peu à peu introduites dans cette matière.

DROIT FRANÇAIS

DES LIBÉRALITÉS DÉGUISÉES

INTRODUCTION

Il est dans la nature même des *lois restrictives*, de rencontrer chez les personnes qu'elles frappent une résistance opiniâtre, résistance qui trouve sa manifestation la plus naturelle dans les moyens détournés que l'on emploie pour éluder leurs prescriptions. On le conçoit aisément, il n'est pas possible aux parties intéressées d'arriver à leur but sans déguiser leurs agissements; c'est ce déguisement, cette fraude, que le législateur a toujours eu pour souci constant de prévoir et de réprimer. Cette conséquence si naturelle des lois restrictives se produit inévitablement en matière de testament et de donation, et nous trouvons à cela une explication toute naturelle dans le sentiment inné de la libre disposition de la propriété.

« Il est bien difficile, dit Bigot-Préameneu, de convaincre celui qui est habitué à se regarder comme maître absolu de sa fortune, qu'il n'est pas dépouillé d'une partie de son droit de propriété lorsqu'on veut l'assujettir à des règles, soit sur la quantité des biens dont il entend disposer, soit sur les personnes qui sont l'objet de son affection, soit sur les formes avec lesquelles il manifeste sa volonté [1]. »

Les prohibitions de disposer et de recevoir sont nombreuses, et les individus déclarés incapables ne voient le plus souvent dans les prescriptions de la loi que des mesures vexatoires auxquelles ils cherchent à se dérober.

Ces règles cependant, le législateur a le droit de les imposer, soit au nom des principes de la morale, soit pour des motifs d'intérêt et d'ordre publics.

Nous nous proposons d'étudier tout spécialement dans ce travail les moyens qui permettent de faire parvenir une libéralité aux personnes que la loi déclare incapables de la recevoir ; en d'autres termes, les *libéralités déguisées*.

Mais que faut-il entendre par ces mots : libéralités déguisées?

D'après nous, on doit considérer comme des libéra-

---

[1] Corps législ., Séance du 2 floréal an XI. — V. Locré, t. XI, p. 243.

lités déguisées tous les actes qui ont pour but de dissimuler soit l'objet même du contrat, soit l'une des personnes qui y figurent. Ces actes, qui constituent ce qu'on est convenu d'appeler le déguisement, ne sont pas précisément très nombreux, et, quoique présentant une foule de variétés, ils peuvent se ramener à deux formes principales : l'emploi du contrat à titre onéreux et l'interposition de personnes.

Il n'y a pas là, comme on pourrait le croire, deux espèces différentes de libéralités ; et si les rédacteurs du Code civil se sont servis de deux expressions diverses pour les qualifier, c'est probablement parce qu'ils les ont trouvées dans les livres de nos vieux jurisconsultes, ou qu'ils ont été frappés du double résultat auquel on pouvait arriver.

Quel que soit le motif de leur détermination, nous considérons comme suffisante l'expression unique de libéralités déguisées ; c'est ce que nous tâcherons de prouver un peu plus loin ([1]). Nous n'insisterons donc pas davantage sur ce point. Seulement, afin de rendre aussi complète que possible l'étude que nous entreprenons, nous jetterons un rapide coup d'œil sur la législation romaine et sur notre ancien droit français,

---

([1]) Cmp. p. 85 et suiv.

avant d'entrer dans la discussion des articles du Code
qui concernent notre sujet.

CHAPITRE Ier

Des libéralités déguisées en Droit romain.

§ I. — *Des restrictions apportées au droit de disposer*
à titre gratuit.

A Rome, les libéralités pouvaient se faire soit par
donation entre vifs, soit par donation *mortis causâ,*
soit par testament.

Ces trois manières de disposer à titre gratuit étaient
soumises, à des restrictions de diverse nature. Nous
ne nous occuperons ici que de celles qui frappent les
donations; quant aux autres, nous avons déjà eu
l'occasion de les faire connaître dans le travail qui
précède sur les fidéicommis.

On peut considérer les lois restrictives sous deux
points de vue : 1° au point de vue de la forme; 2° au
point de vue du fond.

1° *Au point de vue de la forme,* ces lois ont traversé
deux périodes.

Dans la première, qui comprend le droit romain
primitif avec la loi Cincia et le droit classique lui-

même jusqu'au IVe siècle de l'ère chrétienne, il n'existe
pas, à vrai dire, de restriction spéciale au droit de
disposer. Celles que l'on rencontre tiennent aux principes généraux du droit romain, tant sur le transfert
de la propriété que sur la formation des obligations.
La donation, en effet, n'ayant pas été classée au début
parmi les contrats et n'engendrant par elle-même ni
un droit ni une action, il fallait forcément pour la
réaliser employer les modes ordinaires du droit civil
pour transférer la propriété et ses démembrements, ou
pour faire naître un droit de créance.

Ainsi, par exemple, on ne pouvait donner une *res
mancipi* qu'en se servant de la *mancipatio* et de l'*in
jure cessio*.

Dans la deuxième période, qui commence sous
l'empereur Constance Chlore, les donations sont soumises à une formalité particulière, l'*insinuation*. On
appelait ainsi l'inscription de l'acte sur un registre
tenu à cet effet par un magistrat spécial. L'insinuation
était déjà connue à l'*époque classique* (¹), mais elle ne
fut imposée à peine de nullité pour les donations que
par l'empereur Constance Chlore.

En 428, la nécessité de l'insinuation fut restreinte
aux donations excédant deux cents *solidi,* et Justinien

(¹) Frag. Vatic., § 266 et 268.

n'exigea cette formalité que pour les donations supé-
rieures à cinq cents *solidi*.

2° *Au point de vue du fond*, nous avons des
restrictions nombreuses portant sur la capacité de
disposer et de recevoir, et d'autres limitant la quotité
disponible. On pourrait encore considérer comme
restriction, le droit donné au créancier de toute
personne en général de faire révoquer les libéralités
qui créent ou augmentent l'insolvabilité du débiteur,
et enfin le droit du donateur de faire révoquer la
donation.

Mais nous ne rangerons pas parmi les restrictions
apportées au droit de disposer à titre gratuit, les
règles qui furent édictées par la *loi Cincia*. Ce ne
sont pas là, en effet, des prohibitions dans le véritable
sens du mot. La *loi Cincia* se bornait à rendre la
perfection des libéralités plus difficile à réaliser, en
permettant au donateur de refuser l'exécution de sa
promesse, tant qu'il ne s'était pas dépossédé au profit
du donataire (¹).

C'est surtout entre époux que la capacité de disposer et de recevoir fut sévèrement limitée. Ainsi la
femme ne pouvait donner à son mari que d'après les
règles établies pour la dot; quant au mari, la prohi-

(¹) Accarias, *Précis de Droit romain*, t. I, p. 678 (4ᵉ édit.).

bition demeura inutile tout le temps que la *conventio in manum* accompagna les mariages; il se serait fait une libéralité à lui-même.

Et ce n'était pas seulement aux conjoints que s'appliquaient les mesures prohibitives. Elles frappaient encore toutes les personnes qui tenaient à l'un ou à l'autre des époux par l'unité des biens. Cette extension peu ordinaire de la prohibition venait de ce principe, que les enfants ne pouvaient acquérir que pour leur père; plus tard, Justinien la modifia et n'admit que l'acquisition par le père de l'usufruit de la chose donnée au fils.

Les époux cependant étaient regardés quelquefois plus favorablement que les autres personnes. Ainsi la loi *Cincia* les exceptait de ses prohibitions sans se préoccuper de savoir si les donations faites par eux étaient ordinaires, ou si elles rentraient dans la spécialité des donations *divortii* ou *exilii causâ* qui furent permises au temps même de la prohibition.

Les donations, étant irrévocables ([1]), impliquaient nécessairement l'aliénation; d'où il suit que les personnes incapables d'aliéner l'étaient aussi de donner.

En outre, certaines personnes auxquelles la loi

([1]) L. 31, *pra*, D., 39, 5.

reconnaissait la capacité d'aliéner, étaient déclarées incapables de faire une donation. Le mineur de vingt-cinq ans, par exemple, aliénait valablement avec l'autorisation du magistrat, et ne pouvait pas faire de libéralité ([1]).

Disons quelques mots maintenant des lois qui limitaient la quotité disponible. Sans nous prononcer sur la question de savoir si la quarte légitime fut admise par les Prudents à l'imitation de la quarte Falcidie, ou si cette quarte fut créée par Marc-Aurèle, nous savons, à n'en pas douter, qu'on ne considérait pour le calcul de cette quarte que le patrimoine du défunt au moment de son décès ([2]). Les biens donnés entre vifs n'entraient donc pas dans la masse sur laquelle on calculait la quarte légitime. Cependant on donna une action *ad exemplum inofficiosi* contre les donations ([3]).

§ II. — *Différents moyens employés pour déguiser*
les libéralités prohibées.

Nous trouvons en droit romain *deux* moyens de déguiser les libéralités prohibées, et d'après nous, tous les autres ne sont que des variétés de ceux-là :

([1]) L. 3, *in fine*, C., 5, 74.
([2]) L. 6, *Co. de inoff. test.*, 3, 28.
([3]) Accarias, t. I, p. 816-817.

1° Le *contrat à titre onéreux* cachant une véritable donation ;

2° L'*interposition de personnes.*

Le déguisement par contrat à titre onéreux ne peut exister qu'entre vifs ; au contraire, le déguisement par personne interposée peut être employé soit entre-vifs, soit par testament au moyen des fidéicommis. Enfin, une même libéralité peut être faite à la fois par personne interposée et sous forme de contrat à titre onéreux. Ce dernier moyen était surtout employé par le donateur insolvable, qui rendait ainsi plus difficile pour le créancier l'exercice de l'action Paulienne au moyen de laquelle ce dernier pouvait demander la révocation de la donation.

L'interposition de personnes ne fut jamais *présumée* par le législateur romain, comme elle l'est par notre Code civil. Elle devait, dans tous les cas, être prouvée par les intéressés (¹). *Præsumptio fraudis non inducitur ex solâ consanguinitate.* Mais on n'a qu'à se rappeler l'organisation de la famille romaine et la complète dépendance des membres de cette famille vis-à-vis du chef, pour comprendre qu'une libéralité faite à une des personnes *in potestate* arrivait forcément au *pater-familias.* Néanmoins elle enrichissait les autres mem-

---

(¹) L. 25, D., 34, 9.

bres de la famille qui étaient considérés comme copro-
priétaires dans une certaine mesure ; de sorte qu'en
réalité cet état de choses aboutissait au même résultat
que les présomptions admises par notre législation
moderne. Et nous verrons d'ailleurs que le Code civil
n'a établi ces présomptions qu'à l'égard des personnes
entre lesquelles il existe nécessairement une certaine
communauté d'intérêts.

L'introduction des pécules modifia ces principes en
ce qui concernait les fils de famille. Dès lors, ceux-ci
purent recevoir des biens destinés à leur pécule *cas-
trans* ou *quasi-castrans,* sans que la donation fût
reputée faite à leur père. C'est à ce moment-là seulement qu'il existe une réelle différence entre le droit
romain et le droit français. Nous remarquons cependant que même avant l'admission des pécules, on
permettait à la mère de constituer une dot à sa fille
encore sous la puissance paternelle, parce que cette
libéralité était censée faite au mari lui-même, sans
passer par les mains de sa fille. Il est vrai que si le
mariage venait à se rompre, le père exerçait l'action
rei uxoriæ, mais il le faisait au nom de sa fille et n'en
recueillait aucun bénéfice (¹).

La puissance *dominicale* produisait pour les acquisi-

(¹) L. 34, D., 24, 1.

tions provenant des esclaves les mêmes effets que la puissance paternelle pour les acquisitions des fils de famille.

Nous avons vu au § I que les restrictions apportées au droit de disposer à titre gratuit trouvaient leur application la plus fréquente dans les donations entre époux ; c'est ici le lieu d'en donner la raison. En général, tous les contrats étant permis entre conjoints, il devenait facile à ces personnes de cachei sous la forme de l'un de ces actes une véritable libéralité. Il suffisait de simuler un contrat de vente, d'échange, de société, et de n'exiger l'accomplissement d'aucune des obligations auxquelles était soumis d'ordinaire le cocontractant. Cet état de choses frappa le législateur ; aussi trouvons-nous spécifiés tous les cas dans lesquels on peut soupçonner un déguisement. En règle générale, les contrats qui ne sont pas gratuits de leur nature, comme le *Commodat* ou le *Prêt,* constituent des donations déguisées, quand ils sont faits sans rétribution au profit d'une personne. Il est nécessaire, cependant, que le service rendu au donataire puisse être immédiatement évalué à une somme assez importante [1].

---

[1] LL. 22 et 28, D., *De pact. dotal.* — Ces textes ne sont relatifs qu'aux commodats de biens ruraux ou de maisons. Il est à remarquer que le commodat d'une somme d'argent, malgré les intérêts qu'il pouvait rapporter, n'était pas considéré comme une donation. — L. 31, § 6, D., *De don. inter vir. et uxor.*

§ III. — *Sanction des prohibitions.*

Les actes au moyen desquels on parvenait à déguiser une libéralité prohibée étaient, suivant les cas, frappés d'une nullité relative ou absolue. Il fallait prouver tout d'abord : 1° l'accroissement effectif du patrimoine du donataire; 2° l'absence complète de compensation de la part du donataire; 3° enfin, l'existence actuelle de l'objet donné. — Ces trois conditions étaient nécessaires à l'existence même de la donation.

L'existence de la donation une fois constatée, on devait s'assurer de l'exécution des formalités exigées par la loi. Ainsi, quant à l'insinuation qui ne fut plus exigée à partir de Justinien que pour les donations dépassant cinq cents *solidi* (¹), nous voyons que l'acte *non insinué* était *nul* pour tout ce qui excédait cette somme : *Hoc quod superfluum est tantummodo non valere* (²).

Entre époux, les donations même inférieures à cinq cents solides sont nulles, bien que la formalité de l'insinuation ait été accomplie; mais cette sanction n'a plus d'effet quand le donateur meurt pendant le mariage sans avoir révoqué sa donation.

(¹) On donne généralement au solide la valeur du ducat de Hongrie : 10 francs.

(²) L. 34, *Co. de don.*, VIII, 54.

Dans les cas ordinaires, tout acte réalisant une donation prohibée est nul, *ut ipso jure nihil valeat quod
actum est,* dit Ulpien [1].

Nous ne voulons pas entrer plus avant dans le détail
des nombreuses lois qui réglementent la matière;
remarquons simplement, pour justifier la distinction
que nous avons annoncée au début de cet alinéa, que
la nullité *absolue* est celle que tout le monde peut
invoquer, tandis que la nullité *relative* est celle que
quelques-uns seulement peuvent faire valoir. De plus,
la sanction attachée à l'inexécution des lois de forme
n'est pas la nullité ordinairement, mais bien la réduction;
c'est ce que nous avons vu pour le défaut d'insinuation.
L'acte est nul, au contraire, quand il y a eu violation
des lois de fond.

CHAPITRE II

Des libéralités déguisées dans l'ancien Droit français.

Nous procèderons ici comme nous venons de le
faire pour étudier les libéralités déguisées en droit
romain.

---

[1] L. 3, § 10, D., 24, 1.

§ I. — *Restrictions apportées au droit de disposer
à titre gratuit.*

Ce serait sortir des limites de cette introduction
historique que de rechercher et d'étudier les innom-
brables formalités exigées pour la validité des donations
dans les pays de droit coutumier. Nous dirons cependant quelques mots de l'insinuation, qui est sans
contredit la plus importante de toutes.

C'est l'ordonnance de 1 539 qui la première prescrivit,
à peine de nullité, la formalité de l'insinuation.

Ce n'est donc qu'à partir de cette époque que la
publicité devint une des conditions de validité des
donations; et ce fait, assez étrange au premier abord,
s'explique tout naturellement quand on se rappelle
qu'à l'origine la *tradition réelle* de la chose donnée
était une condition nécessaire à la formation et à
l'existence de la donation. Ce dessaisissement actuel
et public du donateur rendait inutile toute autre
mesure de préservation et offrait toutes les garanties
possibles. Mais, comme il se produisit bientôt, suivant
l'expression de Ricard, *un grand relâchement dans les
coutumes au sujet de cette tradition* qui devint *un pur
jeu,* la publicité nécessaire aux changements de
propriété devint absolument illusoire, et c'est alors
que pour apporter un remède à ce nouveau mal, on
établit la nécessité de l'insinuation.

Plus tard, l'ordonnance de Moulins de 1566 et enfin celle de 1731 sont venues confirmer cette première décision.

Le droit romain n'exigeait l'insinuation que pour les donations excédant une certaine somme; il n'en est plus de même dans notre vieux droit français. On veut rendre aussi claire que possible la position du donateur vis-à-vis de ceux qui pourraient contracter avec lui, ou accepter sa succession; c'est pour cela qu'on assujettit à l'insinuation toutes les donations entre vifs [1].

Sont exceptées : les donations par contrat de mariage faites à l'un des conjoints par un ascendant; les donations de *choses mobilières* quand il y a tradition réelle et que la valeur ne dépasse pas *mille livres;* et enfin les donations faites au roi ou par le roi [2], parce que, dit Pothier, les lois n'obligent que les sujets, et non le souverain.

Passons maintenant aux règles de fond, aux incapacités de disposer ou de recevoir, après avoir établi une distinction fort importante entre les deux modes de dispositions gratuites.

La donation entre vifs, dit Denisart [3], *est une*

[1] Pothier, t. VIII, p. 459 (nouv. édit. 1821).
[2] Ordonnance de 1731, art. 19-22.
[3] Édit. de 1763, t. I, p. 782.

*libéralité irrévocable qui s'exerce sans aucune contrainte,
de la part d'une personne en faveur d'une autre.*

*La donation testamentaire, au contraire, peut toujours
être révoquée par celui qui l'a faite.*

La première, étant du *droit des gens*, peut être
employée par toutes les personnes qui jouissent de ce
droit; la seconde découle du droit civil; de telle sorte
qu'un étranger peut bien recevoir par donation entre
vifs, mais non par testament.

Voyons maintenant quelles sont les personnes déclarées incapables de donner entre vifs.

Ce sont :

1° Les femmes mariées non autorisées, soit par
leur mari, soit par le juge;

2° Les mineurs de vingt-cinq ans; — une fois
émancipés cependant, ils peuvent donner des objets
mobiliers;

3° Les insensés ;

4° Les sourds-muets;

5° Le malade de la maladie dont il meurt, dès que
cette maladie se déclare avoir un trait prochain à la
mort (1).

Quelques coutumes déterminent le temps dans
lequel il faut que la mort soit arrivée pour que la

(1) Pothier, *Traité des donations entre vifs et des testaments*, p. 468.

maladie soit censée avoir eu un trait prochain avec la
mort, et pour que la donation soit, par conséquent,
réputée faite *mortis causâ*. Ainsi, d'après la coutume
de Normandie, il faut que le donateur soit mort dans
les quarante jours.

Ainsi donc, le malade qui se trouve dans les conditions que nous venons de signaler, ne peut pas faire
de donations entre vifs; l'acte accompli par lui sera
considéré comme une donation *mortis causâ*. Et alors,
quel sera son sort? — M. Demolombe (¹) est d'avis
que l'article 3 de l'ordonnance de 1731 maintenait
les donations à cause de mort, parce que, dit-il, elles
avaient une importance considérable dans les pays de
droit écrit, où on les regardait comme un *mode de
disposition distinct* de la donation entre vifs et du
testament. Nous avouons qu'il nous semble bien difficile
d'admettre une explication pareille, quand on a lu les
derniers termes de l'article 3 de l'ordonnance : « En
» sorte qu'il n'y ait à l'avenir, dans nos États, que
» *deux formes* de disposer de ses biens à titre gratuit,
» dont l'une sera celle des donations entre vifs, et
» l'autre, celle des testaments ou des codicilles. »

Sans doute, M. Demolombe nous dit que les *deux
formes,* dont parle l'article 3 *in fine,* n'ont trait *qu'aux*

(¹) *Traité des donations entre vifs et des testaments,* t. 1, p. 33 et 34.

formes et non point à la substance de l'acte, et que, d'ailleurs, ce mode de disposition distinct de la donation entre vifs et du testament permettait aux fils de famille qui étaient incapables de tester, de disposer du moins à cause de mort. Ces considérations ne peuvent pas détruire la portée des expressions de l'ordonnance ; elle ne reconnaît que deux modes de disposer à titre gratuit, et elle les désigne nominativement. Nous pensons donc qu'il faut reconnaître, avec *les magistrats et les avocats fort éclairés,* dont parle Furgole ([1]), que la donation *mortis causâ* a été interdite par l'ordonnance de 1731, et que l'acte accompli par le malade, dans les conditions que nous avons déterminées, est absolument nul. Quant au délai, il est ordinairement laissé à l'appréciation des juges. Si le donateur guérit et qu'il laisse néanmoins subsister sa donation, on peut la considérer comme faite entre vifs.

Dumoulin et Coquille prétendent que la jurisprudence a étendu ces dispositions aux donations faites par un novice au moment de son entrée en religion.

En dehors des cas dont nous venons de donner l'énumération, il existait une incapacité dont il est nécessaire de dire quelques mots.

Les coutumes de Paris et d'Orléans reconnaissent

([1]) Furgole, *Com. sur l'art. 3 de l'Ordon. de 1731.*

que les Établissements de Saint-Louis (1270) admettaient la puissance paternelle des temps primitifs de
Rome. On pensait à cette époque que le père ou la
mère avec l'enfant, ainsi que le mari avec la femme,
ne formaient qu'*une même personne,* et que les libéralités faites à l'un d'eux étaient aussi faites à l'autre ;
l'incapacité dont l'une de ces personnes pouvait être
frappée, retombait sur toutes les autres. De cette
confusion complète des patrimoines, il résultait encore
que les père et mère ne pouvaient faire de donation
valable à leurs enfants avant leur émancipation (¹).

Cette doctrine survécut à toutes les attaques dont
elle fut l'objet ; Ricard nous dit expressément :

« Les personnes proches de celles comprises dans
» la prohibition ont, aux termes de notre jurispru-
» dence, une incapacité personnelle résultant de leur
» proximité, et il ne faut pas dire, pour se plaindre de
» cette rigueur, qu'il n'est pas juste que l'incapacité
» de l'un porte préjudice à un autre, parce qu'il est
» bien raisonnable que l'intérêt particulier cède au
» repos public. »

Nos anciens légistes en étaient arrivés à ce résultat
par une fausse interprétation de deux lois romaines.
Mais ces deux textes (²) n'apportent aucune preuve en

(¹) *Ordon. des rois de France,* t. I, année 1270.
(²) L. 28, D., 26, 2. — L. 11, D., 28, 2.

faveur de leur théorie ; les Romains admettaient absolument le principe de la puissance paternelle, et ne
reculaient devant aucune des conséquences de ce
principe, mais, en dehors de ce lien, ils ne reconnais-
saient pas l'identité entre le père et le fils.

Les personnes que la loi déclare incapables de
recevoir sont fort nombreuses. Nous trouvons :

1° Les *fous* et les *enfants*. — Ici, il n'y a pas
incapacité proprement dite, mais seulement nécessité
d'une acceptation faite par les tuteurs ou cotuteurs.

2° Les *femmes mariées*. — Sans l'autorisation de
leur mari, elles sont inhabiles à quelque acte que ce
soit.

3° Les *religieux*, — à cause de leur vœu de
pauvreté.

4° Les *communautés* et *établissements*. — Leur
fondation doit être reconnue par lettres-patentes du
roi, enregistrées au Parlement dans le ressort duquel
se trouve l'établissement (¹). Sans cette formalité, les
communautés n'existent pas. Celles qui ont une existence légale peuvent recevoir seulement les choses
que les statuts de leur ordre leur permettent
d'acquérir.

5° Les *époux*. — Durant le mariage, toute donation

(¹) Déclaration de 1749, art. 1.

est interdite entre mari et femme. Cette restriction frappe même les enfants que l'un des conjoints pourrait avoir d'un précédent mariage (¹), mais ne s'étend pas aux collatéraux.

6° Les *concubins* (²).

7° Les *bâtards adultérins* et *incestueux* ne peuvent recevoir que des aliments. Les autres ne sont incapables que pour des donations universelles. Ricard pense qu'on doit étendre la prohibition aux enfants des bâtards adultérins et incestueux.

8° Les *juges, officiers et ministres de justice.* — Ces personnes furent d'abord frappées d'une incapacité presque absolue (³), et leurs parents à un degré quelconque, réputés personnes interposées, étaient comme eux incapables de recevoir des libéralités. Plus tard, ils purent recevoir de tout le monde, excepté des individus qui venaient plaider devant eux (⁴).

9° Les *tuteurs* et *administrateurs,* ou toute autre personne par eux interposée (⁵).

La coutume de Paris, qui interprète les deux

(¹) Arrêt de règlement de la Grand'Chambre, 15 fév. 1729.
(²) Coutumes de Tours et du Perche.
(³) Ordonnance de 1320.
(⁴) Coutume d'Orléans, art. 43.
(⁵) Ordonnances de 1539 et de 1549.

ordonnances que nous venons de citer, fait une exception en faveur des ascendants; quant aux autres, l'incapacité dure jusqu'au moment où ils ont rendu leur compte. Peu à peu, la jurisprudence a étendu les dispositions des ordonnances et des coutumes aux confesseurs, médecins, procureurs et avocats. Mais cette extension n'est basée sur aucune loi.

Si l'incapacité de disposer ou de recevoir vient à cesser pour une personne, il est clair que celle des personnes réputées interposées cessera aussi, puisqu'elle ne tient qu'à une qualité accidentelle et passagère de ces personnes. Cependant, si la libéralité était faite par testament et si l'incapacité du légataire tenait à son influence sur le testateur, il ne suffirait pas que le légataire, tuteur par exemple, se trouvât capable au moment du décès du testateur; il faudrait encore que sa capacité eût existé au moment de la confection du testament.

§ II. — *Des différents moyens employés pour éluder ces restrictions.*

Ricard ramène à deux seulement toutes les espèces de déguisement des libéralités prohibées :

1° Le déguisement sous la forme d'un contrat à titre onéreux ;

2° Le déguisement par personne interposée.

Dans notre ancien droit, les donations déguisées
sous la forme d'un contrat à titre onéreux étaient
soumises au retranchement de la légitime (¹). Il arrivait
parfois, en effet, qu'une personne faisait donation de
l'universalité de ses biens, quoiqu'elle eût des enfants
légitimes. Dans ce cas, la donation pouvait être réduite
de la moitié de ce qui serait revenu aux enfants si
leur père n'avait fait aucune disposition (²). Mais si le
défunt s'était contenté de vendre une chose pour un
prix inférieur à sa valeur réelle, on se demandait s'il
l'avait fait par nécessité ou simplement dans le but de
faire une donation de la plus-value (³). La présomption
était dans ce dernier sens quand l'acheteur était l'un des
enfants du défunt; le retranchement portait alors sur
cette plus-value (⁴).

Sur le terrain des présomptions d'interposition de
personnes, notre ancien droit abandonne complètement
le droit romain et considère comme interposées toutes
les personnes qui, par leur position, peuvent exercer
une influence plus ou moins grande sur l'esprit des
disposants (⁵); par exemple, les tuteurs, curateurs,

(¹) Coutume de Paris, art. 298.
(²) Si le père avait moins de quatre enfants, la réduction n'avait
lieu que pour le tiers.
(³) L. 5, § 5, D., 24, 1.
(⁴) Merlin, *Répert.*, V. *Légitime*.
(⁵) Coutume de Paris, art. 276.

pédagogues, etc. (¹). Il range même dans cette catégorie les héritiers présomptifs des personnes que nous
venons d'énumérer (²), les père et mère des époux,
et les enfants issus d'un autre mariage.

Cette doctrine de la coutume de Normandie prévalut
d'abord dans la jurisprudence; elle fut adoptée par la
plupart des Parlements, même par celui de Paris,
parce que nos anciens légistes regardaient ces mesures
comme intéressant vivement l'ordre public et les
bonnes mœurs. Peu à peu cependant, on apporta
quelques modifications à ces principes trop absolus.
Dès 1629, nous trouvons des arrêts qui ne considé-
raient comme nécessairement interposés que les *père*
et *mère*, l'*époux* et les *enfants* de l'incapable. Quant
aux autres personnes, le frère par exemple, on ne
trouvait pas assez grande la communauté d'intérêts
pour ne pas laisser au juge le soin de reconnaître s'il
y avait ou non interposition de personnes.

Si la question se présente en dehors des cas dans
lesquels la présomption existe, il faut non seulement
que le donataire ou légataire soupçonné de servir
d'intermédiaire prouve la non-existence d'une convention secrète entre lui et le disposant dans le but de

---

(¹) Ordonnance de 1539.
(²) Coutume de Normandie, art. 439.

transmettre à l'incapable (¹), mais il faut encore qu'il affirme par serment que le legs n'a pas été fait pour être restitué à l'incapable et qu'il s'engage à ne pas le lui rendre. Il arrive souvent, dit Pothier, qu'il n'y a pas convention, le testateur espérant que la personne interposée pénètrera sa volonté (²).

Au dire de Grenier, cette opinion rencontra toujours beaucoup de difficultés dans la pratique. Du moment, en effet, qu'il n'existe aucune convention entre le disposant et le donataire, celui-ci demeure libre de restituer ou de conserver la chose donnée ; et, s'il lui convient de restituer, il sera non pas une personne interposée, mais un véritable donateur. Il n'y a même pas pour lui d'obligation naturelle, ce qui aurait suffi peut-être pour faire appliquer la loi *sur la présomption* d'interposition.

La donation de la moitié du prix d'une chose, dissimulée par une quittance portant paiement du prix total, constitue tout aussi bien une libéralité déguisée que le don du prix tout entier. Qu'importe, en effet, que la libéralité soit réunie à un contrat onéreux valable? Il n'y a rien dans ce rapprochement qui puisse lui faire perdre sa qualité de donation déguisée.

(¹) Furgole, *Test.*, ch. vi, sect. 3.
(²) Pothier, Introd. au tit. XVI de la Coutume d'Orléans, nº 44.

§ III. — *Sanction des prohibitions.*

« Comme nos lois qui prohibent les avantages à
» l'égard de certaines personnes, dit Ricard, sont
» fondées sur de grandes et importantes raisons, nous
» avons apporté tous nos soins pour conserver leurs
» défenses avec vigueur, pour oster tous les sujets de
» fraude et les moyens pour lesquels cette prohibition
» pouvait être circonvenue. »

Cette sanction dont parle Ricard frappe également
la violation des lois de forme et la violation des lois de
fond.

Ainsi, en ce qui concerne les règles de forme, nous
voyons que le défaut d'insinuation emporte *la nullité*
de la donation, non seulement à l'égard des créanciers
du donateur, mais même à l'égard de ses héritiers [1].

Le donateur seul ne pouvait pas opposer cette
nullité aux réclamations du donataire [2].

Signalons à ce propos une opinion assez étrange
d'après laquelle l'héritier pouvant seul se plaindre des
donations prohibées, pouvait seul aussi les accepter et
les laisser subsister. Cette doctrine prenait pour base
la faculté qu'accordaient certaines coutumes, de

[1] Ordonnance de 1731, art. 27.
[2] Denisart, *Donation*, p. 788, édit. de 1763.

disposer avec le consentement de l'héritier au profit d'un incapable (¹).

D'Argentré, commentant la coutume de Bretagne, cite même un arrêt (²) validant une donation faite contre la prohibition de la coutume d'une église, par un chanoine qui avait obtenu le consentement de son héritier.

Mais Ricard repousse formellement cette manière d'envisager la question; c'est par une raison politique, dit-il, et non pas en considération des droits de l'héritier, que les lois ont établi l'incapacité de certaines personnes, des époux, des tuteurs, etc. De telle sorte que ce ne sont pas là des règles auxquelles puisse déroger une convention particulière. En outre, l'héritier peut être intéressé à ne pas froisser le testateur qui pourrait lui enlever une plus grande quantité de biens en faisant d'autres donations. Cette absence de liberté dans le consentement doit entraîner la nullité de l'acte. A d'Argentré, Ricard oppose Dumoulin (³), et cite même plusieurs arrêts dont l'un annulait une donation malgré le consentement de l'héritier, affirmé par celui-ci sous serment.

Étudions maintenant la sanction des diverses prohibitions en ce qui concerne les lois de fond.

(¹) Coutumes de Bourgogne et de Ponthieu.
(²) Parlement de Rouen, 13 décembre 1506.
(³) Commentaire sur la coutume d'Auvergne.

Nous avons signalé au § I, parmi les restrictions apportées au droit de disposer, celle qui concerne les personnes malades et menacées d'une mort prochaine. D'après plusieurs coutumes, les donations faites dans ces circonstances doivent être considérées comme des donations *mortis causâ*, et par conséquent frappées d'une *nullité absolue* ([1]).

L'ordonnance de 1731, en effet, le dit expressément : toute donation entre vifs qui ne serait pas valable en cette qualité, ne pourra valoir comme donation à cause de mort ou testamentaire, de quelque formalité qu'elle soit revêtue ([2]).

Cette libéralité n'a pas le caractère essentiel des dispositions testamentaires, puisqu'elle n'est pas l'acte pur de la volonté du testateur, mais bien le résultat d'une convention entre le disposant et le donataire. Puisqu'elle ne peut pas être valable comme testament, et que, d'un autre côté, l'ordonnance ne reconnaît pas les donations *à cause de mort,* cette libéralité est nécessairement *nulle.* C'est l'opinion de Ricard, de Lalande et de plusieurs autres jurisconsultes.

Nous avons vu qu'on distinguait, en droit romain, entre le cas où l'interposition de personnes, le fidéicommis, était *tacite,* et celui où il était *exprès.* Dans

---

([1]) Ordonnance de 1731, art. 3.
([2]) Ordonnance de 1731, art. 4.

ce dernier cas le fidéicommis était *caduc* au profit du fiduciaire qui restait propriétaire de la chose donnée; dans le premier, au contraire, l'objet de la libéralité était attribué au fisc. Il n'en est plus de même dans notre ancien droit; c'est l'héritier seul qui profite de la caducité des libéralités.

Si le donataire immédiat est le parent à un certain degré de l'incapable auquel la donation est adressée, la présomption d'interposition de personne existe et l'acte *est annulé*. Dans ce cas, la déclaration de l'incapable, qu'il n'entend en aucune façon profiter de la donation, et même qu'il refusera de succéder aux choses données, en cas de mort du donataire immédiat, ne suffit pas pour empêcher la nullité de la donation. Ricard donne pour raison que les personnes sont tellement conjointes, qu'elles doivent être considérées comme une même personne, et comme ayant des intérêts communs. Nous donnons cette solution pour mettre en lumière le caractère absolu de la présomption, bien qu'elle puisse souvent manquer d'exactitude.

Enfin, rappelons en terminant qu'il est indispensable de distinguer entre la donation et le testament à cause de la différence qui existe entre ces deux actes, au point de vue du moment auquel est exigée la capacité du bénéficiaire.

DROIT ACTUEL

CHAPITRE Ier

Nécessité d'une sanction des lois prohibitives. — Doit-on distinguer les libéralités déguisées des libéralités par personnes interposées? — Les libéralités déguisées rentrent-elles dans la catégorie des libéralités indirectes?

Si la législation d'un peuple change avec les époques et les individus, il est une chose qui reste toujours la même, c'est le cœur humain avec ses passions et ses intérêts divers. — La matière que nous traitons fournit bien des preuves à l'appui de l'opinion que nous venons d'émettre.

Dans notre ancien droit, en effet, comme dans le droit romain, les mêmes lois prohibitives se sont heurtées aux mêmes résistances, et nous ne rappellerons ici que pour mémoire les nombreux moyens de simulation que l'esprit de fraude sut imaginer.

Dans cette nouvelle partie de notre travail, que trouvons-nous? Toujours des lois restrictives d'un côté; et, de l'autre, toujours ce même désir d'arriver au but que l'on vise, en se servant de moyens détournés.

Il faut bien le reconnaître; parmi les nombreuses

lois qui prohibent ou restreignent simplement les dispositions à titre gratuit, il en est peu dont la légitimité soit facile à établir; tandis que toutes viennent se heurter à cette grande idée du droit de propriété dont l'exercice semble devoir être l'apanage naturel de tout homme libre.

On admettra sans difficulté qu'il soit défendu à l'insensé ou à l'enfant en bas-âge de disposer de son patrimoine à titre gratuit; — nul ne s'étonnera qu'une personne non conçue soit déclarée incapable de recevoir, et les tribunaux ont fort rarement à réprimer des violations de prohibitions semblables. Mais comprendra-t-on aussi facilement la défense de donner un centime en dehors de la part héréditaire que la loi lui attribue, à l'enfant naturel reconnu qui se trouve en concours avec un collatéral du douzième degré; — et la prohibition de donner au médecin qui nous a prodigué ses soins pendant notre dernière maladie; — et celle d'enrichir une communauté religieuse sans l'autorisation du Gouvernement (910 C. C.), etc.? Comment les faire entrer dans nos mœurs? C'est une tâche bien ardue. Et cependant ces mesures restrictives sont justes, nécessaires, et leur utilité n'est plus contestée depuis fort longtemps.

Ainsi, pour ne parler que des libéralités faites à des établissements publics, nous trouvons un édit de 1749 exigeant une autorisation par lettres-patentes, pour la validité des dons faits aux colléges, hospices, etc.

Dès cette époque, on voulait empêcher l'accumulation de trop grands biens entre les mains des corporations et établissements publics (¹).

Chacune des autres restrictions apportées au droit de disposer gratuitement est basée sur des considérations d'une nature tout aussi certaine; aussi, leur nécessité d'un côté et la résistance qu'elles rencontrent de l'autre font-elles vivement ressentir la nécessité d'une sanction.

Dépourvue de sanction, en effet, une prohibition semblerait faite dans le seul but d'être violée, et serait au moins inutile, sinon compromettante pour la dignité de la loi. Il ne suffirait même pas de sanctionner une prohibition d'une façon imparfaite, comme le faisait à Rome la *loi Cincia;* il faut une répression complète et d'autant plus énergique que la loi se heurte à plus d'obstacles.

Sans rechercher davantage ce que devrait être théoriquement cette sanction, nous allons tâcher de montrer ce qu'elle est en fait dans notre législation actuelle.

Et tout d'abord, afin d'éviter des complications dans

(¹) Dalloz, *Dictionn. de Jurispr.,* V. *Dispositions.*

la suite de cette étude, nous répondrons à deux questions qui se posent ici tout naturellement : 1° Doit-on
distinguer les *libéralités déguisées* des *libéralités faites
par personne interposée?* — 2° Les *libéralités déguisées*
rentrent-elles dans la catégorie des *libéralités indirectes?*

La première question nous arrêtera assez longtemps, quoique son intérêt soit presque exclusive-
ment théorique. Le plus souvent, la libéralité par
personne interposée consiste en une libéralité faite
ouvertement à une personne qui se charge de la faire
parvenir secrètement au véritable donataire. C'est là,
moins le nom, le fidéicommis des Romains et de notre
ancien droit.

Mais l'interposition de personne peut se faire
autrement; elle peut avoir pour but de cacher le
donateur lui-même aussi bien que le donataire; il
suffit pour cela de renverser les deux opérations qui
constituent le fidéicommis; la libéralité est faite
secrètement par le donateur à une personne qui
pourra ensuite la transmettre publiquement au donataire. C'est ainsi qu'il devient possible, au moyen
d'une interposition de personnes, d'éluder non seulement les lois de capacité et de disponibilité entre
les époux, mais encore toutes les lois de disponibilité
réelle.

Ce n'est pas l'avis de M. Vernet (¹) qui croit, au
contraire, que l'interposition de personnes ne saurait
être employée pour éviter les lois sur la réduction :
car, dit-il, ces règles sont les mêmes, quelle que
soit la personne du gratifié. — Il est probable que
M. Vernet n'a pas songé à l'hypothèse où l'interposition de personne sert à cacher la personne même du
donateur (²). Aussi croyons-nous que ces libéralités
consistent tout simplement à faire intervenir dans
l'acte une tierce personne, avec l'intention de cacher
tantôt le donateur, tantôt le donataire, en lui faisant
jouer, selon les cas, le rôle de l'une ou de l'autre de
ces deux parties.

Ceci posé, voyons si de pareils actes ne sont pas,
en définitive, de simples libéralités déguisées. —
Sans doute, on trouve dans le Code les deux expressions *libéralité déguisée* et *libéralité faite sous le nom
de personne interposée* (³). Mais, de cette différence
d'expression, on ne saurait conclure à une différence
quelconque dans la nature des opérations qu'elles
désignent.

En effet, le Code a certainement emprunté à notre

(¹) Vernet, *Revue pratique*, t. XV, p. 196.

(²) Nous ne présentons pas cette hypothèse comme se réalisant
fréquemment dans la pratique, mais il est certainement possible de
la concevoir en théorie.

(³) Art. 911, 1099

ancien droit les expressions dont il se sert; or, la différence qui nous occupe, n'avait autrefois aucune portée juridique, et l'interposition de personne était toujours prise, par nos vieux légistes, comme un des moyens de déguiser une libéralité ([1]). C'est donc simplement une preuve de plus que les rédacteurs du Code n'ont pas observé, dans les termes qu'ils employaient, une rigoureuse exactitude. Considérons, du reste, les choses en elles-mêmes, pour savoir dans quelle mesure on peut admettre la distinction que l'on prétend établir entre les libéralités déguisées et celles par personnes interposées.

D'après M. Vernet et les auteurs qui proposent cette distinction, une libéralité cachée sous le nom et la forme d'un contrat à titre onéreux quelconque, est, sans contredit, une libéralité déguisée, dont on peut dire : *aliud agitur, aliud simulatur.* Mais dans les libéralités par personnes interposées, la nature même de l'acte n'est l'objet d'aucune simulation ; il y a simplement l'intervention d'un tiers qui vient cacher la personne du donateur ou du donataire ; il n'y a donc pas libéralité déguisée.

Ce raisonnement ne peut nous satisfaire. Ce serait

([1]) V. Ricard, *Traité des donations entre vifs et des testaments,* nos 708 et suiv. — Denisart, *Avantages indirects.* — Merlin, au mot *Avantage simulé.*

vraiment se payer de mots que de fonder une distinction quelconque sur ce fait, que dans les libéralités
cachées sous la forme d'un contrat à titre onéreux, le
déguisement porte sur là *nature même* de l'acte, alors
qu'il porte seulement *sur la personne* de l'une des
parties, dans les libéralités par personnes interposées.
N'est-il pas clair, en effet, que le déguisement du
donataire, par exemple, est, au fond, le déguisement
de la donation elle-même en ce qui concerne ce
donataire? Et le donateur qui veut éluder les lois
sur la réduction ne peut-il, comme nous l'avons
dit, déguiser sa libéralité, en ne paraissant pas
lui-même?

D'un autre côté, en déguisant une libéralité sous la
forme d'un contrat à titre onéreux, ne cherche-t-on
pas simplement à cacher les personnes mêmes du
donateur et du donataire? Dans l'interposition de
personnes, le donateur ou le donataire est inconnu
parce qu'il ne figure pas à l'acte; mais il n'est pas
connu davantage quand l'acte est fait sous la forme
d'un contrat à titre onéreux, car s'il y figure, ce n'est
pas comme donateur ou donataire. Or, ne pas figurer
en cette qualité ou ne pas figurer du tout, cela revient
absolument au même au point de vue de la simulation.
Concluons donc que partout où il y a libéralité déguisée,
il y a déguisement des personnes, et réciproquement

que partout où il y a interposition de personnes, il y a déguisement de la libéralité.

Une langue juridique exacte devrait avoir une seule expression, celle de *libéralités déguisées,* pour désigner les libéralités faites, soit sous la forme d'un contrat à titre onéreux, soit au moyen de l'interposition de personnes. Il n'y a pas là, selon nous, deux espèces de libéralités; il n'y en a qu'une, mais on se sert de deux moyens différents pour réaliser le déguisement. Ces deux moyens sont les seuls qui se puissent concevoir, et on les retrouve toujours sous l'infinie variété de combinaisons imaginées par la pratique.

L'un de ces moyens, l'interposition de personnes, nous étant connu, disons un mot des libéralités faites sous le masque d'un contrat à titre onéreux.

Toutes les fois qu'une personne voulant en gratifier une autre cherche à atteindre son but et à le cacher en faisant un acte à titre onéreux, il y a libéralité déguisée.

On peut arriver à ce résultat, non seulement au moyen d'un contrat, mais encore au moyen d'un acte purement unilatéral, comme le fait de laisser s'accomplir une prescription au profit de celui que l'on veut gratifier. En pratique, le contrat de vente est le plus souvent employé, et la fraude se trahit ordinairement par les mêmes indices. Il est prouvé, par exemple,

7

que l'acquéreur n'a pas pu payer le prix convenu avec ses ressources personnelles ; ou bien on ne trouve pas trace du prix chez le prétendu vendeur. Ce seront autant de présomptions de fait qui, jointes à l'examen des autres circonstances, devront diriger les juges dans leur appréciation. A l'époque de la confection du Code, le Tribunat avait voulu ici, comme pour l'inter-position de personnes, établir des présomptions ; il voulait, pour éviter les procès, que tout acte à titre onéreux fait avec un incapable, et quelle que fût sa forme, fût réputé disposition gratuite et annulé. Cette idée n'a pas été adoptée.

Telles sont les deux formes sous lesquelles peut se produire le déguisement. Nous n'insisterons pas plus longtemps, parce que ces questions trouveront un développement tout naturel dans la suite de ce travail, et que nous rencontrerons ces moyens employés constamment pour éluder soit les lois de forme, soit les lois de fond qui régissent la matière des donations et testaments. Mais avant de terminer ce premier cha-pitre, nous allons rapidement répondre à la deuxième question que nous nous sommes posée : Les libéralités déguisées rentrent-elles dans la catégorie des libéralités indirectes?

Dans plusieurs de ses articles, le Code semble réunir sous l'appellation générique de *libéralités indi-*

rectes tous les avantages gratuits qui ne sont pas revêtus des formalités exigées par les articles 931 et suivants pour la validité des donations. Mais il y a, je crois, une subdivision à établir dans cette classification, une espèce à dégager du genre. Le législateur, dans le cas de l'article 1099, a attaché des conséquences toutes spéciales à cette subdivision ; il doit donc y avoir un intérêt très grand à distinguer l'avantage indirect de la donation déguisée ; c'est ce que nous allons essayer de faire.

L'*avantage indirect* proprement dit se produit en dehors des formes légales, mais il se produit *ouvertement*. Ainsi, je vends 30,000 francs à Primus une terre qui en vaut 50,000, ou bien je renonce à une succession, dont l'actif est cependant considérable, dans le seul but d'en faire arriver la dévolution à un de mes parents ; dans les deux cas, il est certain que je fais une véritable donation, mais je n'ai employé aucun de ces moyens de déguisement par lesquels on couvre ordinairement une fraude, et la validité de cette donation n'est contestée par personne.

Si, au contraire, je transmets ce même immeuble à Primus sans aucune rémunération, et que, pour une raison quelconque, je lui signe une quittance de la totalité du prix que je n'ai pas reçu, cet acte purement gratuit de ma part est caché sous la forme d'un contrat de vente et constitue véritablement ce que j'appellerai la *libéralité déguisée,* c'est-à-dire un avantage indirect avec le déguisement en plus : *Aliud agitur, aliud simulatur.*

Nous ne cacherons pas cependant que l'opinion contraire a de nombreux partisans. On dit pour la soutenir que les mots *donations déguisées* ou par *personnes interposées* sont synonymes des mots *avantages indirects;* que la loi se sert indistinctement des uns et des autres, et que le deuxième alinéa de l'article 1099 se rattachant d'une manière intime à la disposition du premier doit être entendu dans le sens de cette disposition.

Mais, d'après nous, cette manière d'envisager la question doit être repoussée, parce qu'un avantage indirect peut résulter d'un acte passé de bonne foi, tandis qu'une donation déguisée est toujours le fruit d'une combinaison à laquelle s'attache une idée de fraude. Nous trouvons donc tout naturel que le législateur se soit montré plus sévère dans le cas de donation déguisée que dans celui d'avantage indirect, surtout lorsque la fraude lui a paru plus particulièrement à craindre à raison de la qualité des personnes. C'est justement le système qu'il a suivi dans l'article 1099 sur les donations entre époux.

CHAPITRE II

Lois de forme. — Toutes les libéralités sont-elles soumises à ces formalités?
— Les donations déguisées sous la forme d'un contrat à titre onéreux
sont-elles valables?

C'est dans l'ordonnance de 1731 que les rédacteurs
du Code civil ont puisé en grande partie les règles
qui concernent la *forme* des donations entre vifs. Afin
de compléter les dispositions, ils ont pris au droit
romain et au droit coutumier tout ce qui leur paraissait digne de figurer dans notre législation moderne,
et enfin ils ont remplacé la formalité de l'insinuation
par celle de la transcription.

Nous trouvons dans les articles 931, 932, 933,
939, 942 et 948, l'énumération des différentes formalités auxquelles sont soumis les actes portant donation
entre vifs.

L'article 931, reproduisant les articles 1 et 2 de
l'ordonnance de 1731, décide que tous actes portant
donation entre vifs seront passés devant notaire dans
la forme ordinaire des contrats, et qu'il en restera
minute, sous peine de nullité. La donation entre vifs
est donc un contrat *solennel,* c'est-à-dire un contrat
dont l'existence même dépend de la stricte observation

des formalités prescrites par la loi: Ce serait une grosse erreur que de considérer l'écrit comme un simple moyen de preuve; ici, son importance est bien plus grande, c'est un élément constitutif du contrat. Les quelques observations que nous venons d'indiquer serviront de base à notre raisonnement, quand nous nous demanderons si on doit considérer comme valables les donations cachées sous le voile d'un contrat onéreux.

Les articles 932 et 933 exigent que la donation *soit acceptée* d'une manière expresse, par acte également en forme authentique, dans le cas où l'acceptation n'a pas été faite dans l'acte même de donation.

Si l'acceptation émane d'un mandataire, celui-ci doit être muni d'une procuration passée devant notaire. L'acceptation devant être faite par le donataire ou par son mandataire muni d'une procuration spéciale, il en résulte qu'elle ne peut pas l'être par un tiers qui se porterait fort pour le donataire absent.

La donation est *parfaite* et la propriété de l'immeuble transmise, dès que l'offre dûment faite a été dûment acceptée. A partir de ce moment, le donateur cesse d'être propriétaire vis-à-vis du donataire; mais il continue de l'être dans l'intérêt de ceux qui, de son chef, ont acquis ou pourront acquérir des droits sur l'immeuble donné, et le donataire doit respecter les

aliénations ou les hypothèques consenties par le donateur ([1]), On le voit, cet état de choses est anormal et
peut amener les plus graves désordres; aussi le législateur désireux d'y porter remède a-t-il écrit dans
l'article 939 que le donataire a le devoir de *faire
transcrire* non seulement l'acte de donation, mais
encore tous les autres actes qui s'y réfèrent. De la
sorte, la publicité est assurée aux changements que la
propriété a subis, et les tiers en étant informés, toute
erreur devient impossible. Cette disposition de l'article
939 ne s'applique, bien entendu, qu'aux donations de
biens susceptibles d'hypothèques.

Nous lisons enfin dans l'article 948 que tout acte de
donation d'effets mobiliers doit être accompagné d'un
état estimatif signé du donateur et du donataire, ou de
ceux qui acceptent pour ce dernier. Cette formalité
est une conséquence toute naturelle de la règle :
Donner et retenir ne vaut. En effet, si la nécessité d'un
état affirmatif n'était pas écrite dans la loi, l'auteur
d'une donation d'effets mobiliers aurait la faculté de
faire disparaître tel ou tel objet, ou de le remplacer à
son gré par un objet de valeur moindre, ce qui est
absolument contraire aux principes fondamentaux de

---

[1] C'est-à-dire que jusqu'à la transcription, les tiers sont censés
ne pas connaître le changement de propriétaire ; vis-à-vis d'eux,
l'aliénation est réputée non avenue.

la donation, qui serait en fait *révocable* suivant le bon plaisir ou le caprice du disposant. Comme, d'ailleurs, la preuve du détournement serait fort difficile, presque toujours même impossible, on a dû exiger l'énumération individuelle des objets compris dans la donation. C'est ainsi qu'on a remplacé la tradition réelle et effective de la chose donnée, tradition que certains de nos anciens jurisconsultes exigeaient, comme condition essentielle à la validité de la donation mobilière.

Telles sont les différentes formalités auxquelles sont soumis les actes portant donation entre vifs. La règle est générale, mais, comme partout, elle souffre des exceptions. Nous allons indiquer maintenant les libéralités qui peuvent valablement se réaliser sans être revêtues des formalités prescrites par les articles 931 et suivants.

Ainsi donc, ne tombent pas sous le coup des lois de forme :

1° Les libéralités consistant *dans l'abandon d'un droit;* par exemple, la renonciation qu'un créancier fait de sa créance. Il y a dans cet acte une véritable libéralité qui n'est soumise à aucune formalité particulière, qui s'effectue *solo consensu.* En se montrant favorable à ce genre de disposition gratuite, la loi a voulu sans doute faire disparaître une des causes les plus fécondes de procès. Mais ce n'est pas une inno-

vation de notre législation actuelle; l'ordonnance de
1731 dispensait déjà ces sortes de libéralités des
formes solennelles prescrites pour les donations (¹).
Nous avons donné plus haut pour exemple la renonciation qu'un créancier peut faire de sa créance; nous
en rencontrons beaucoup d'autres dans le Code. Parmi
les renonciations que l'on peut faire, toutes, nous
l'avons dit, sont exemptes des formes solennelles de
la donation ordinaire, mais quelques-unes sont soumises à des formalités toutes spéciales. C'est ainsi que
la renonciation soit à une succession, soit à une
communauté, doit être suivie d'une déclaration au
greffe avec l'assistance d'un avoué (²).

Dans le cas de ratification d'une obligation annula-
ble, la loi exige aussi, pour assurer la sincérité de la
ratification, certaines conditions essentielles; mais ces
conditions sont toujours les mêmes, que l'acte confir-
matif soit dû ou non à une intention libérale.
(Art. 1338 C. N.) Les articles 622, 699 et 2180
n'exigent, pour la validité des diverses renonciations
dont ils s'occupent, que la volonté de les opérer, sans
s'inquiéter de quelle manière cette volonté sera manifestée. L'article 851 ne suppose non plus aucune
condition de forme, et les articles 1211, 1212, 1282

(¹) Furgole, Ordonnance de 1731, art. 1.
(²) Art. 784 et 1457 C. civ. — 997 C. proc.

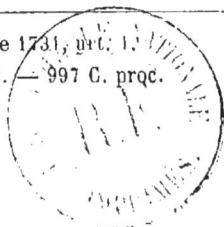

et 1283 vont plus loin encore, puisqu'ils présument une libération au moyen d'une induction tirée de certains faits. (V. Demol. sur l'art. 1282 et suiv., C. Civ.)

Les renonciations *in favorem* n'étant pas soumises aux solennités de forme de l'article 931, ne le sont pas davantage à celles des articles 932 et suivants. Cependant, s'il s'agit de l'*acceptation* d'une renonciation, il est utile de savoir si elle porte sur un droit réel ou sur un droit personnel. Dans le cas de renonciation à un droit réel, l'article 790 nous montre que jusqu'à l'acceptation expresse ou tacite de ladite succession par d'autres héritiers, le renonçant peut revenir sur sa renonciation; faut-il en conclure que la libéralité résultant de la renonciation est révoquée de plein droit par le décès du renonçant avant l'acceptation de la succession par d'autres? Je ne le crois pas, et je pense, au contraire, que les personnes appelées à profiter de la renonciation peuvent accepter même après la mort du renonçant.

Lorsqu'il s'agit de la renonciation à un droit personnel, c'est-à-dire d'une remise de dette, il faut bien aussi l'acceptation du débiteur pour que la remise devienne irrévocable, mais cette acceptation n'est pas soumise à la forme authentique. Les articles 1282 et 1283 admettent, comme nous l'avons dit, la remise tacite et

la font résulter de certains faits pouvant faire présumer l'intention du créancier. Pothier disait que « la.
» la remise peut se faire par une convention tacite qui
» résulte de certains faits qui la font présumer (¹). »

Si la loi présume aussi facilement la remise de la
dette, il paraît naturel de présumer aussi, d'après
certains faits, l'acceptation tacite de cette remise. C'est
ce qu'a fait la Cour de cassation (²) dans une affaire
Ardant, où il s'agissait d'une remise de dette faite par
un frère à son frère au moyen d'une quittance confiée
à une tierce personne, sans qu'il fût possible de prouver nettement que le libéré avait accepté la remise
avant la mort du créancier donateur.

2° Sont encore dispensées des formalités ordinaires :
les libéralités stipulées dans l'intérêt d'un tiers, comme
condition d'un contrat à titre onéreux qu'on fait pour
soi-même.

D'après l'article 1119, on ne peut, en général, stipuler
que pour soi-même, mais l'exception suit de près la
règle, et nous voyons dans l'article 1121 qu'on peut
stipuler au profit d'un tiers, lorsque telle est la condition d'une stipulation que l'on fait pour soi-même ou
d'une donation que l'on fait à un autre. Celui qui a fait

(¹) *Traité des Obligations*, n° 572.
(²) Arrêt du 2 avril 1823.

une pareille stipulation ne peut plus la révoquer lorsque le tiers a déclaré vouloir en profiter.

Le Code nous offre une application de ce principe dans l'article 1973 ; la rente viagère, nous dit cet article, peut être constituée au profit d'un tiers, quoique le prix en soit fourni par une autre personne. Dans ce cas, quoiqu'elle ait les caractères d'une libéralité, elle n'est point soumise aux formes prescrites pour les donations, sauf les cas de réduction et de nullité énoncés dans l'article 1970.

Dans la première hypothèse, l'acte de donation étant en faveur du donataire principal, et non point du tiers gratifié accessoirement, la libéralité mise à la charge du premier n'est qu'une modalité de la donation principale avec laquelle elle se confond.

Dans la deuxième hypothèse, le contrat principal n'étant plus une donation, mais bien un contrat de vente, la libéralité accessoire qu'il renferme pourra aussi emprunter la forme sous seing-privé, en vertu du principe : *Accessorium sequitur principale.*

A Rome, le donataire, accessoirement gratifié, resta longtemps privé d'action ; plus tard cependant on lui accorda une action utile (¹).

Pothier, tout en admettant cette action du tiers

(¹) L. 3 au Code, *De donat. quæ sub modo.*

contre celui qui est chargé de lui remettre l'objet de la donation, constate que ce dernier est obligé « plutôt » par l'équité naturelle que par un engagement de » droit [1]. » De nos jours, le tiers gratifié a, sans aucun doute, une action pour exercer le droit que l'article 1121 lui attribue d'une façon formelle.

Ce même article tranchant une ancienne controverse, rapportée par Pothier [2], décide, contrairement à l'ordonnance de 1747 sur les substitutions [3], que le donateur peut révoquer seul sa libéralité sans l'intervention du tiers gratifié, tant que celui-ci n'a pas accepté; mais si nous supposons que le donateur décide *avant l'acceptation* de la libéralité par le tiers, la révocation aura-t-elle lieu *ipso jure,* ou bien le tiers donataire pourra-t-il encore accepter la libéralité?

Saintespès-Lescot [4] soutient que la donation est révoquée par le fait seul du décès du donateur avant l'acceptation du tiers gratifié; car, dit-il, si la loi exempte ici la libéralité des solennités de forme, elle la laisse soumise à la règle fondamentale de toute donation, qui veut le concours des volontés du donateur et du donataire par l'acceptation de ce dernier;

---

[1] *Traité des obligations,* n° 72.
[2] *Id.,* n° 73.
[3] 1re partie, art. 11 et 12.
[4] T. III, n° 615.

ɯr, ce concours ne peut plus avoir lieu dès lors que le donateur est décédé avant l'acceptation.

Cette décision serait juste, si la libéralité dont il s'agit faisait l'objet principal du contrat; mais nous avons vu qu'elle n'en est qu'une modalité, qui, dès lors, participera à la validité du contrat principal, pourvu que le concours des volontés ait existé pour la formation de ce dernier.

Nous repousserons également l'opinion de Duranton (1), qui donne aux héritiers du donateur le droit de révoquer la donation jusqu'au moment de l'acceptation.

Le droit de révocation est personnel; il s'éteint avec le stipulant donateur; par conséquent, nous déciderons que la libéralité ne pourra plus être révoquée après la mort du donateur, et que le tiers gratifié ou même ses héritiers pourraient faire une acceptation valable, à moins que l'avantage n'eût été stipulé au profit de leur auteur seul.

3° Les *dons manuels* enfin, sont, de l'avis de tout le monde, dispensés des formalités prescrites pour les donations.

Les dons manuels, appelés dans certains pays *donation de main chaude,* sont reconnus valables par

(1) T. X, n° 248.

les auteurs et par la jurisprudence. Il est généralement admis, en effet, que les meubles corporels peuvent être transmis au moyen de la tradition accomplie par le donateur au profit du donataire. Mais pour que la tradition constitue véritablement un don manuel, il faut que le disposant ait eu l'intention bien arrêtée de se dépouiller actuellement et irrévocablement au profit du gratifié. Dans ce cas la donation est exempte de formes. Mais, supposons qu'une personne malade remette certains objets mobiliers à ses domestiques en se réservant le droit de les reprendre si elle guérit. Cet acte constitue-t-il un don manuel? Non, évidemment. C'est tout simplement une donation à cause de mort qui, comme telle, devra rester sans effet.

L'opinion contraire est soutenue par Merlin ([1]) et Favard ([2]) qui supposent à tort que les donations à cause de mort sont encore tolérées. Nous croyons, au contraire, que de pareilles donations sont absolument contraires aux principes de notre droit actuel, parce qu'elles posent comme règle la révocabilité de la disposition au gré du donateur. Elles doivent donc tomber sous le coup de l'article 944.

Nous ne voulons pas dire par là qu'il faille déclarer nulle une donation faite, soit sous la condition suspen-

([1]) V. *Donat.*, § 6, n° 4.
([2]) V. *Don manuel*, § 4.

sive du prédécès du donateur, soit sous la condition résolutoire de sa survie; mais nous voulons soutenir qu'on doit toujours se conformer à la grande règle : *Donner et retenir ne vaut.*

Le chancelier d'Aguesseau considère les dons manuels comme étant en dehors des formes établies par l'ordonnance. Mais de ce qu'ils sont permis sans être soumis à une formalité quelconque, il ne faut pas conclure qu'ils ne constituent bien une libéralité déguisée. Rien ne facilite davantage les libéralités occultes que la forme d'un don manuel, et c'est là certainement le moyen employé le plus souvent pour soustraire les donations de choses mobilières à l'application des lois restrictives.

Dans notre droit actuel, la propriété d'un meuble est transférée par la tradition et la réception de bonne foi; mais cette règle générale sur le transfert de la propriété ne peut pas s'opposer à l'application des règles générales sur les donations. Sans doute le tribun Jaubert reconnaît dans son rapport que le don manuel n'est pas susceptible de forme, et nous savons, d'autre part, que l'article 948, ainsi que le faisait l'ordonnance de 1731, ne s'applique *qu'aux actes* de donation d'effets mobiliers. Mais on ne doit pas, en rapprochant ces deux faits, décider que le don manuel est une donation directe admise et reconnue par la loi ; il faut admettre, au contraire, que cette forme de donation est toujours indirecte et souvent simulée, et la Cour suprême est logique en appliquant, au point de vue du rapport, les mêmes règles aux dons manuels qu'aux donations déguisées.

Il nous reste maintenant à dire quelques mots sur une des questions les plus délicates de notre sujet : les donations déguisées sous la forme d'un contrat à titre onéreux sont-elles valables, lorsqu'elles interviennent entre personnes respectivement capables de disposer et de recevoir, mais sans aucune solennité de forme ; ou bien doit-on les déclarer nulles *ob defectum formæ ?*

Nous avouons qu'au premier abord le doute ne paraît pas possible. Peut-on raisonnablement admettre, en effet, qu'il soit permis de violer la loi et d'échapper à ses prescriptions au moyen d'une fraude ? Non, évidemment. Cependant la jurisprudence est unanime maintenant pour déclarer valables de pareilles donations, et nous n'entreprendrons pas de citer tous les arrêts de la Cour de cassation rendus en ce sens.

Quels sont donc les motifs d'une pareille dérogation aux principes ? Ils sont de deux sortes.

Tout d'abord nous rencontrons une considération pratique : la Cour de cassation a répété bien des fois dans ses arrêts sur la matière, que si l'opinion contraire était adoptée, ce serait une source de procès non

8

justifiés par la lésion d'intérêts légitimes. Ainsi donc, pour une simple raison de tranquillité, on devra s'abstenir de rechercher si le contrat qui se présente avec les caractères d'une convention à titre onéreux est bien ce qu'il paraît être, ou s'il n'est au fond qu'une libéralité déguisée.

Cette préoccupation si légitime pour des juges, d'éviter des procès, a pu contribuer à entraîner la jurisprudence dans l'opinion qu'elle soutient, mais elle ne nous empêchera pas de croire qu'au point de vue théorique sa doctrine est absolument fausse.

En second lieu, la jurisprudence s'appuie sur la tradition et sur la discussion de quelques articles du Code. Nous exposerons d'abord le raisonnement de nos adversaires, puis nous dirons quelles sont les considérations qui nous ont empêché d'adopter ce système.

Et d'abord écartons comme inutiles les nombreux textes de droit romain que l'on se plaisait à citer [1]. A Rome, en effet, les donations n'étaient soumises à aucune solennité de forme; ces textes prouvent donc simplement que de pareils actes étaient devenus valables en tant que libéralités, et que la simulation

---

[1] L. 36, Dig., *De contrah. empt.* — L. 5 et 9 au Code, *eod. tit.* — L. 4, Dig., *Locati conducti.* — L. 6, Dig., *pro donat.*

n'était point par elle-même une cause de nullité. Tout le monde est d'accord sur ce point.

Restons dans le droit français et voyons quelle est la valeur des arguments de la jurisprudence.

L'ordonnance de 1731, nous dit-on, reconnaît formellement la validité des donations déguisées sous l'apparence d'un contrat onéreux. Furgole dit en effet que « l'article premier n'entend parler que de dona- » tions expresses qui sont pratiquées le plus commu- » nément et dont on avait accoutumé de dresser des » actes pour la preuve de la donation, mais qu'il » n'abroge pas les donations tacites ou conjecturales. » Dans tous les cas, cet article ne s'explique pas sur la validité des donations faites sous le voile d'un contrat onéreux.

La législation intermédiaire ([1]) valide également ces donations; enfin les textes du Code civil viennent donner une force nouvelle à l'ancienne tradition.

Si l'article 893 ne reconnaît que deux modes de disposer à titre gratuit, à savoir : la donation entre vifs et le testament, c'est uniquement dans le but d'écarter l'ancienne donation à cause de mort. Quant à l'article 911, il serait inutile et ridicule; en effet, il déclare nulle toute disposition déguisée faite au profit

---

([1]) Loi du 17 nivôse an II, art. 26.

d'un incapable; c'est reconnaître implicitement ces sortes de donations lorsqu'elles s'adressent à des personnes capables. Comment indiquerait-il une exception si la nullité de libéralités pareilles devait être admise dans tous les cas?

Enfin l'article 918 va plus loin encore: il considère comme constante l'existence des donations déguisées, et ne s'occupe qne de réglementer certaines d'entre elles d'une manière toute particulière. La loi de l'an II annulait même rétroactivement les aliénations, soit à charge de rentes viagères, soit à fonds perdu, faites au profit d'un successible en ligne directe; l'article 918 les déclare seulement imputables sur la quotité disponible, en déclarant que le surplus sera réductible. N'est-ce pas considérer ces donations déguisées comme parfaitement valables? N'est-ce pas les mettre, pour ainsi dire, au-dessus de toute discussion? Ce n'est pas notre avis, et nous avouons que ce raisonnement, loin de nous paraître péremptoire, ne satisfait même pas notre esprit. En effet, il résulte des travaux préparatoires que dans tout ce qui concerne les libéralités, le législateur a eu l'intention de se montrer d'une sévérité excessive. Il voit avec défaveur les dispositions gratuites entre vifs, et les considère comme pouvant entraîner des conséquences fâcheuses, des désordres graves dans la famille et la société. Il est bien impossible cependant de les prohiber d'une manière absolue, parce que leur nécessité se fait sentir dans une foule de cas ; mais on peut les entourer des formalités les plus étroites, afin de multiplier les chances déjà si nombreuses de nullité. C'est ce qu'a fait le Code civil. Et en cela, quoi qu'en disent ses adversaires, il ne fait que suivre l'esprit de l'ordonnance de 1731, dont les principaux commentateurs (¹) reconnaissent la vigueur et la netteté en cette matière.

Pothier est remarquable par la façon précise dont il aborde la question : « Il n'y a pas de vente, dit-il, » quand il n'y a pas de prix sérieux. Un tel contrat » n'est pas une vente, mais une donation faussement » qualifiée de vente, laquelle doit être sujette à toutes » les formalités des donations (²). »

L'intention manifeste du législateur a donc été de rendre aussi difficiles et aussi rares que possible les donations entre vifs. Mais alors comment trouver un rapport entre cette idée et le système de la jurisprudence ? Evidemment, tout cet appareil de formalités et de restrictions va devenir une ridicule barrière, si le disposant peut les laisser de côté et effectuer sa libéralité sous le couvert d'un contrat à titre onéreux.

(¹) Salles, Boutarie, Serres, Damours.
(²) Pothier, V. *Vente*, n° 19.

On ne peut raisonnablement admettre que le législateur ait laissé lui-même aux mains des parties un
moyen infaillible, je dirai même légal, d'éluder ses
prescriptions; qu'il ait lui-même érigé la simulation
en un moyen facile de tourner toutes les règles qu'il a
édictées. La sanction qu'il prononce serait donc un
vain épouvantail, et, loin de punir la fraude, le Code
civil l'encouragerait. On le voit, cette opinion est
difficile à admettre. « Ce serait en vain, disait Bigot-
» Préameneu au Conseil d'État, que la loi aurait
» déclaré incapables de recevoir, les' personnes qui
» viennent d'être désignées, si on pouvait déguiser la
» donation entre vifs sous le titre de contrat onéreux,
» ou si on pouvait disposer sous le nom de personnes
» interposées. C'est à la prudence des juges, lorsque
» le voile qui cache la fraude est soulevé, à ne se
» déterminer que sur des preuves, ou du moins sur
» des présomptions assez fortes pour que les actes dont
» la fraude s'est enveloppée ne méritent plus aucune
» confiance (¹). »

Mais, nous dira-t-on, le déguisement n'a été maintes
fois employé que pour éviter des formalités gênantes,
des droits d'enregistrement considérables; souvent il a
servi à maintenir la bonne harmonie dans les familles

(¹) Locré, *Législ.*, t. XI, p. 412.

et à écarter l'idée de certains avantages pouvant exciter la jalousie des enfants, etc. Toutes ces considérations peuvent être excellentes, mais elles ne sont au fond qu'une critique de la loi. S'il est reconnu, comme le fait d'ailleurs remarquer M. Demolombe, que « la solennité des contrats est peu conforme à nos » mœurs et à nos habitudes modernes, » il n'y a qu'une chose à faire, changer la loi, supprimer les formalités établies, mais en attendant il ne faut pas, sous prétexte d'incompatibilité avec nos mœurs, se mettre en désaccord absolu avec l'esprit du Code.

Ainsi, comment combiner ensemble les prescriptions de l'article 948 et les principes de la jurisprudence? La loi veut que toute donation d'effets mobiliers soit accompagnée d'un état estimatif des objets qui la composent; elle voit là avec raison un moyen d'assurer l'irrévocabilité de la disposition, ce qui est une des règles fondamentales en la matière. Que fait la jurisprudence en dispensant les libéralités déguisées de cet état estimatif? Elle fait tout simplement une loi nouvelle.

Comme nous l'avons dit plus haut, certaines libéralités échappent aux règles de forme générales et peuvent se faire sans actes; ces libéralités, le Code ne peut pas les réglementer, mais il les considère et les signale comme des exceptions; la jurisprudence, au

contraire, en fait des règles. — Et voyez jusqu'où
peut conduire l'application d'un pareil principe : il ne
m'est pas permis de disposer à titre gratuit d'un
immeuble par acte sous seing-privé, mais toute difficulté cesse si je prends seulement la peine de donner
à cet acte le nom de vente.

Pourquoi ne pousserait-on pas ce principe dans ses
dernières limites? Pourquoi ne ferait-on pas des libéralités sans observer les formes légales et sans les
cacher non plus sous l'apparence d'un contrat onéreux?
La chose serait encore plus simple, et le titre des
donations pourrait être rayé du Code.

Mais, nous dit-on, vous admettez par exemple que
la donation consistant dans la remise d'une dette est
exempte de toutes formalités; pourquoi voulez-vous
alors déclarer nul un acte dans lequel il y a un contrat
de vente et une remise de dette? Car la libéralité
déguisée sous la forme d'un contrat onéreux n'est
autre chose que la réunion de ces deux opérations
juridiques à chacune desquelles vous reconnaissez
séparément une existence valable.

Nous ne voulons pas dire que ce raisonnement soit
toujours faux et que, dans certaines circonstances,
ces deux actes ne soient parfaitement valables; mais
il faut pour cela que la remise de la dette *ait été faite
longtemps après le contrat de vente,* dans un délai non

suspect. Si, au contraire, les deux opérations se sont *suivies à peu d'intervalle,* il faut décider qu'il n'y a là qu'une seule opération, c'est-à-dire une donation déguisée que l'on doit déclarer nulle (1).

L'argument le plus sérieux invoqué par les partisans du système de la jurisprudence est tiré du texte même de l'article 911 du Code civil; nous l'avons indiqué déjà et nous n'y reviendrons que pour le combattre.

L'article 911 déclare nulles les donations « déguisées ou par personnes interposées » s'adressant à des incapables. L'intention du législateur est donc visible, dit-on, il a voulu établir implicitement la validité des donations intervenant entre personnes capables, en déclarant nulles celles qui sont faites entre incapables. C'est un argument *à contrario* basé uniquement sur le silence de la loi; pour le réduire à sa juste valeur il est nécessaire de faire une distinction : si l'acte auquel les parties ont donné la forme d'un contrat à titre onéreux, d'une vente par exemple, est, en réalité, une donation pure et simple, faite uniquement dans un but de libéralité, et que le prétendu vendeur ait donné quittance au prétendu acquéreur, bien que le prix n'ait pas été payé, il arrive que l'acte est *nul*

---

(1) Vernet, *Revue pratique,* t. XV.

comme vente pour défaut de prix, et nul comme dona-
tion pour défaut de forme. — Que reste-t-il alors? —
Rien, absolument rien. Il n'est plus besoin maintenant
de parler de nullité relative, de rapport ou de réduction, l'acte a disparu tout entier sous la nullité absolue
qui le frappe ([1]).

D'un autre côté, si l'acte est mixte, c'est-à-dire s'il
contient un véritable contrat à titre onéreux et une
donation qui n'en est que l'accessoire, on doit se
décider pour la validité, en l'absence de toute solennité de forme.

M. Demolombe([2]) en donne deux raisons excellentes :
« D'une part, dit-il, les formes à observer pour la
validité d'un contrat doivent être déterminées par la
nature propre et par l'objet principal du contrat que
les parties ont entendu faire; or, les parties ont
entendu faire et elles ont fait effectivement un contrat
de vente; donc, les formes du contrat de vente
qu'elles ont employées, suffisent à la validité de leur
convention. D'autre part, si le contrat de vente
qu'elles ont fait est valable, il doit nécessairement
l'être tout entier, tel qu'elles l'ont fait, avec les
clauses et les conditions qui en sont les éléments

([1]) Gabriel Demante, *De la loi et de la jurisprudence en matière de
donations déguisées.*

([2]) *Traité des don. et des test.,* t. III, n° 97.

constitutifs; or, la détermination du prix est certainement l'un des éléments essentiellement constitutifs de la vente; donc, le contrat est valable dans cet élément, comme dans tous les autres. »

Cette doctrine, qui valide ici la donation faite dans un acte mixte, par ce motif qu'elle est l'accessoire d'un acte auquel suffit la forme privée, me semble incontestable, lorsque l'intention véritable des parties a été de faire une vente; mais si nous supposons que je vous ai vendu 25, par exemple, ce qui valait 80, que faut-il décider? — C'est toujours un contrat mixte; seulement, il me semble difficile de soutenir qu'ici l'intention principale a été de faire une vente. Le contraire paraît plus probable, et comme il n'est pas possible d'appliquer le principe : *accessorium sequitur principale,* d'après lequel on devrait exiger, pour le cas présent, que l'acte fût passé en forme authentique, puisqu'en fait l'idée de libéralité est prédominante, nous croyons qu'il faut considérer le contrat onéreux comme un simple masque, et frapper l'acte de nullité. En effet, le prix ne peut pas être considéré comme sérieux; une telle erreur sur la valeur véritable n'est pas possible.

Pothier, s'en tenant à notre première hypothèse, pour considérer la question ([1]), et s'appuyant sur une

---

([1]) *De la Vente,* n° 21.

loi romaine (¹) nous dit que le contrat qui est à la fois
à titre onéreux et à titre gratuit, n'est pas purement
et entièrement un contrat de vente, mais bien un
contrat d'une nature mixte, qui tient quelque chose
de la donation, et qui néanmoins, eu égard à ce qui
a été la principale intention des parties contractantes,
est un contrat de vente plutôt qu'une donation. —
Nous partageons son opinion, mais bien entendu, avec
la restriction que nous venons de développer.

M. Laurent soutient ce système avec son habileté et
sa précision ordinaires : « Sans doute, nous dit-il (²),
» les donations déguisées sont valables quand elles se
» trouvent dans un contrat valable, parce qu'il y a,
» dans ce cas, un acte réel, valable comme contrat
» onéreux, et dispensé comme tel de toute solennité.
» Mais lorsque le contrat apparent n'est pas sérieux
» comme contrat onéreux, il ne reste rien qu'une
» donation; or, les donations sont des contrats solen-
» nels; donc, une vente apparente n'est pas une vente,
» parce qu'il n'y a pas de prix ni de consentement;
» l'une des parties ne veut pas plus vendre que l'autre
» ne veut acheter. Et il n'y a pas de donation, puisque
» les formes solennelles sans lesquelles la donation

(¹) L. 38. D., *De contrah. emptione.*
(²) M. Laurent, *Principes de Droit civil,* t. XII, p. 379.

» n'existe point n'ont pas été observées. Que reste-t-il?
» Néant. »

On le voit, la réponse de ces deux auteurs (¹) est la même. Nous partageons absolument leur manière de voir, et nous croyons que les contrats onéreux fictifs qui recouvrent une libéralité pure et simple, en d'autres termes les donations déguisées, sont *nulles ob defectum formæ,* quelles que soient les personnes entre lesquelles elles sont intervenues.

Il y a des cas cependant dans lesquels l'opinion de nos adversaires peut recevoir son application; je veux parler des actes dans lesquels se trouve la combinaison d'une donation avec un véritable contrat onéreux. Ici, la libéralité n'est plus la *cause exclusive* du contrat; elle devient accessoire et participe de la liberté comme des restrictions apportées à l'acte qui la renferme. Ce cas excepté, on doit toujours prononcer la nullité.

Pour fortifier encore notre raisonnement, remarquons les inconséquences auxquelles conduit inévitablement le système que nous combattons. Les auteurs ne les évitent pas plus que la jurisprudence.

D'après MM. Aubry et Rau (²), il suffit en général pour la validité des donations faites sous le voile de

---

(¹) MM. Demolombe et Laurent.
(²) T. VII (4e édit.), p. 84, note 24.

contrats à titre onéreux, que les actes qui les renfer-
ment réunissent les formes requises pour la constatation
des contrats sous l'apparence desquels elles se trouvent
déguisées. Ainsi, la donation d'un immeuble peut avoir
lieu au moyen d'un contrat apparent de vente, même
passé sous seing-privé. La Cour de cassation, admettant cette théorie, la consacra par un arrêt (¹). L'année
précédente cependant, elle avait implicitement déclaré
le contraire, en jugeant que la transmission des effets
de commerce *à titre de donation* pouvait se faire par
un endossement irrégulier avec ordre en blanc (²).
Évidemment ces deux arrêts se contredisent, car,
d'après la loi commerciale, l'endossement irrégulier ne
vaut que comme procuration, et ne peut jamais transférer la propriété (³). Les effets au porteur peuvent
seuls être l'objet d'un don manuel; quant aux lettres
de change et billets à ordre, ils ne peuvent être
valablement transmis qu'au moyen de l'endossement
régulier. Les rentes nominatives sur l'État peuvent être
cédées à titre onéreux au moyen d'un simple transfert
dans les formes prescrites par la loi du 28 floréal
an VII.

Cette contradiction, que l'on trouve dans les

___

(¹) Cass. Req., 1ᵉʳ février 1842, *Aff. Fombelle.*
(²) Arrêt du 3 août 1841, *Aff. Verdat.*
(³) Art. 138, C. com.

arrêts de la Cour de cassation, existe aussi dans la doctrine de MM. Aubry et Rau. Ils reconnaissent, en effet, que, d'après l'article 931, les libéralités conférées par des actes de donation ne peuvent valoir que lorsque ces actes sont revêtus des formes exigées; mais ils s'empressent d'admettre que cependant les libéralités faites sous *toute autre forme* ne doivent pas rester sans effet. Nous avouons que cette manière d'interpréter le Code nous paraît par trop facile. La loi ne nous laisse pas le choix des moyens que nous devons employer pour faire une libéralité; elle nous prescrit les formalités que nous devrons suivre; il faut donc s'en tenir là et rester toujours dans les limites qu'elle nous trace.

CHAPITRE III

LOIS DE FOND

Lois sur l'incapacité : Incapacité de donner absolue ou relative. — Incapacité de recevoir absolue ou relative.
Lois sur l'indisponibilité : Réserve ordinaire. — Réserve entre époux. — Rapport.

§ I. — *Lois sur l'incapacité.*

L'article 902 porte que toute personne peut disposer et recevoir, soit par donation entre vifs, soit par testament, excepté quand elle en est déclarée incapable par la loi.

La capacité est donc la règle, l'incapacité, l'exception. Il suit de là qu'on ne peut déclarer incapables que ceux qui ont été désignés comme tels par un texte positif.

L'incapacité de disposer naît de la défense que la loi fait à certaines personnes de disposer de leurs biens, quelle que soit la qualité des héritiers.

L'incapacité de disposer peut être *absolue* ou *relative*. Elle est absolue quand elle a lieu en dehors des relations existantes entre celui qui dispose et celui qui reçoit. Elle est relative dans le cas contraire, c'est-à-dire lorsque c'est seulement à l'égard de certaines personnes déterminées que le droit du disposant n'existe plus. Toute incapacité relative de disposer suppose chez une autre personne l'incapacité relative de recevoir, et réciproquement ; mais la personne frappée d'une incapacité relative de disposer n'est pas, par cela même, frappée de l'incapacité relative de recevoir de la personne qu'elle ne peut pas gratifier.

M. Demolombe distingue encore l'incapacité *de fait* de l'incapacité *de droit*. La première résulte de l'état physique de la personne ; elle est réglée par l'article 901. La seconde vient des prohibitions de la loi. L'incapacité de fait ne s'applique qu'à la faculté de disposer, tandis que l'incapacité de droit s'applique à la faculté de disposer comme à celle de recevoir.

A. — De l'incapacité absolue de disposer.

Certaines personnes ne peuvent donner ni par donation ni par testament.

Ce sont :

1° Ceux qui ne sont pas sains d'esprit ;

2° Ceux qui, par suite d'une condamnation criminelle, sont interdits légalement, mais pendant la durée de la peine seulement ;

3° Les mineurs de seize ans, sauf le cas de l'article 1095 ;

4° Le condamné à une peine perpétuelle, afflictive ou infamante (¹).

Notre intention n'est pas de donner de grands développements à chacun des cas d'incapacité que nous venons de signaler. Cependant, il est utile d'en dire quelques mots et d'insister tout particulièrement sur le premier, parce qu'en matière d'insanité d'esprit la jurisprudence se montre fort sévère et annule impitoyablement les donations déguisées dans lesquelles peut se trouver cette cause de nullité.

Pour disposer à titre gratuit, dit l'article 902, il faut être *sain d'esprit,* c'est-à-dire qu'il faut être moralement et physiquement capable d'avoir une

(¹) Loi du 31 mai 1854, art. 3.

9

volonté et de la manifester; en un mot, il faut comprendre la portée de l'acte que l'on fait, et vouloir faire
cet acte.

Il peut arriver quelquefois que l'interdiction n'ait
été ni *prononcée ni même provoquée* contre le disposant
qui était cependant dans un état habituel de fureur,
de démence ou d'imbécillité. Les actes qu'il a faits
sont néanmoins attaquables, lorsque la preuve de
l'insanité du disposant aura été fournie, et ces actes
devront être déclarés nuls, dans le cas même où ils
renfermeraient des dispositions raisonnables. Il ne
suffit pas pour être sage d'avoir fait une action de
sagesse, a dit le chancelier d'Aguesseau.

Notre ancien droit, assimilant la *haine* ou la *colère*
à l'aliénation mentale, admettait l'action *ab irato*,
reproduction de la *querela inofficiosi testamenti* du
droit romain; elle était fondée sur une simple supposi-
tion, sur une cause spéciale de nullité des dispositions
à titre gratuit. Cette action existe-t-elle dans notre
droit actuel? Nous ne le croyons pas et nous pensons,
au contraire, que l'admission d'une pareille cause de
nullité entraînerait des désordres graves et laisserait
un champ beaucoup trop libre aux interprétations et
aux appréciations fantaisistes.

Le Code civil a, d'ailleurs, gardé le silence le plus
complet à cet égard, et nous ne retrouvons nulle part

dans les textes la reproduction de l'opinion personnelle de Bigot-Préameneu, qui désirait voir cette action *ab irato* admise par notre loi civile. Mais, comme toute disposition à titre gratuit doit être l'œuvre entière de la volonté du disposant, on doit considérer comme causes de nullité des donations ou testaments : la violence, l'erreur, le dol, en un mot tout ce qui a pu porter atteinte à l'expression exacte de cette volonté. Les tribunaux sont juges souverains en cette matière.

Le mineur au-dessous de seize ans accomplis ne peut faire ni une donation, ni un testament. Par exception, il peut, en se mariant, faire donation à son futur conjoint de tout ou partie de ses biens, mais seulement avec l'assistance des personnes dont le consentement est nécessaire à la validité de son mariage (art. 1095). Le mineur auquel la loi ne permet de faire de donations entre vifs que dans un seul cas, peut disposer par testament de la moitié des biens qu'il pourrait donner s'il était majeur.

B. — Incapacité absolue de recevoir.

La loi déclare incapables de recevoir, soit par donation, soit par testament :

1º Les personnes qui ne sont pas conçues au moment de la donation ou du décès du testateur;

2° Les personnes condamnées à une peine afflictive perpétuelle ;

3° Les personnes dites de *main-morte,* c'est-à-dire les hospices, les pauvres d'une commune, les établissements d'utilité publique quand ils n'ont pas l'autorisation du Gouvernement.

Quant à l'incapacité qui frappait les étrangers, elle a été abolie par la loi du 14 juillet 1819.

C. — Incapacité relative de disposer et de recevoir.

1° Le mineur au-dessus de seize ans accomplis ne peut pas tester au profit de son tuteur ; devenu majeur, il ne peut disposer de ses biens, ni par donation, ni par testament, au profit de son ancien tuteur, tant que le compte définitif de tutelle n'a pas été apuré. Cette incapacité n'existe pas si le mineur a eu un de ses ascendants pour tuteur.

2° Les enfants naturels reconnus ne peuvent recevoir que dans une certaine limite déterminée par la loi. Les enfants adultérins ou incestueux n'ont droit qu'à des aliments.

3° Les médecins, chirurgiens, pharmaciens, sages-femmes, ne peuvent rien recevoir par donation ou testament des personnes auxquelles ils ont donné leurs soins, quand ces personnes meurent de la maladie pour laquelle ils ont été appelés. Il en est de même pour les ministres du culte catholique ou de toute autre religion reconnue.

4° Enfin, quel que soit le régime matrimonial, les femmes mariées ne peuvent donner qu'avec l'autorisation de leur mari ou celle de la Justice.

Autorisées par leur mari, elles ont la plénitude de la capacité; quand, au contraire, elles n'agissent qu'en vertu de l'autorisation de justice, elles ne peuvent disposer que de la nue-propriété de leurs biens par donation entre vifs; mais, dans tous les cas, elles peuvent disposer par testament en toute liberté.

Cette incapacité, basée sur la puissance maritale, a pour but de conserver au mari, dans son intégrité, le droit de jouissance qu'il a sur les biens de sa femme.

Nous avons exposé aussi brièvement que possible les lois restrictives de la faculté de disposer ou de recevoir; nous n'entreprendrons pas la discussion des nombreuses difficultés qu'elles ont fait naître; ce serait complètement sortir de notre sujet. Hâtons-nous d'y rentrer, en nous occupant de la sanction attachée par la loi à la violation de ses prohibitions. Cette sanction nous la trouvons dans l'article 911 qui frappe *de nullité* toutes les dispositions faites en dehors des règles prescrites pour la validité des libéralités.

En nous occupant de cet article, nous sommes amenés tout naturellement à parler du dernier moyen

que les parties peuvent employer pour cacher leurs
intentions et déguiser leurs libéralités, c'est-à-dire de
l'interposition de personnes. Ainsi que nous l'avons dit
au chapitre 1er, le déguisement par interposition de
personnes consiste dans ce qu'on appelle le fidéicommis,
acte par lequel on institue une personne avec charge
de rendre à une autre. Cet acte n'est pas vicieux en
lui-même, et l'interposition de personne peut être
valable si le fidéicommissaire n'est pas frappé d'incapacité ; mais s'il est fait dans les formes des substitutions
prohibées par l'article 896, on doit lui appliquer une
nullité absolue. Pour faire tomber une libéralité sous
le coup de la prohibition de l'article 896, il faudra lui
reconnaître positivement les caractères de la substitution prohibée, les découvrir sous le manteau de la
fraude et surprendre la réalité sous l'apparence trom-
peuse qui la recouvre.

Dans le doute, c'est-à-dire quand les termes d'une
disposition attaquée comme renfermant une substitution
pourront être interprétés dans le sens d'un simple
fidéicommis, on devra admettre cette interprétation.
C'est ainsi que la charge de *conserver* et de *rendre*
imposée à un premier gratifié en faveur d'un second
devra être entendue dans le sens d'une restitution
immédiate, bien que l'expression *conserver* pût raisonnablement s'appliquer à la vie entière. — Quand le

doute n'est pas possible, il faut prononcer la sanction qui consiste dans la *caducité* de l'acte, édictée par notre loi civile, mais au profit de l'héritier seulement. Cette sanction ne sera applicable qu'aux dispositions entachées de substitution; elle ne devra pas être étendue à celles qui ont, bien que contenues dans le même acte, une existence indépendante des premières [1].

Revenons à l'explication de notre article 911. D'après Troplong, il n'y aurait interposition frauduleuse de personne, tombant sous le coup de cet article, qu'à deux conditions; il faudrait d'abord qu'un incapable dût profiter de la libéralité faite directement à une autre personne; et ensuite, que la restitution à la personne incapable fût directement imposée au premier gratifié.

Si la charge de rendre à l'incapable était mise ouvertement dans le testament ou la donation, il n'y aurait pas interposition de personnes, et on ne pourrait pas supposer une intention frauduleuse d'éluder la loi, ni de la part du disposant, ni de la part du grevé. On ne saurait voir que deux choses : ou une substitution prohibée si la restitution devait avoir lieu à la mort du grevé; ou un simple fidéicommis dans lequel on devrait se borner à annuler la charge de rendre à l'incapable. Dans le cas de fidéicommis

[1] Demolombe, *Traité des donat. et des test.*, t. I, p. 44 et suiv.

exprès, le grevé devrait recueillir tout ce qu'il est capable de recevoir, tandis que dans le cas de fidéicommis tacite, aucune pensée de libéralité ne s'adressant à lui, et la charge de rendre à l'incapable étant la cause finale de la disposition, cet acte serait absolument vicié et devrait tomber pour le tout. Cette théorie de Troplong n'a pas, croyons-nous, une bien grande valeur.

Sur quoi peut-on appuyer cette différence entre le fidéicommis exprès et le fidéicommis tacite? Est-il possible de dire que la volonté de gratifier un incapable soit moins certaine et moins complète lorsqu'elle est expressément manifestée que lorsqu'elle l'est tacitement? Et parce que la volonté de gratifier l'incapable sera exprimée, pourra-t-on assurer qu'on reconnaît l'intention de gratifier la personne interposée elle-même? Nous ne le pensons pas.

On nous objectera peut-être qu'on ne saurait trouver dans le fidéicommis exprès l'intention frauduleuse d'éluder les prescriptions de la loi. Mais, à ce compte, il suffirait de violer manifestement une loi prohibitive pour n'être pas en fraude, puisque le fidéicommis exprès n'est pas autre chose qu'une violation ouverte de la loi. On ne peut pas admettre que la sanction des incapacités de recevoir soit moins énergique quand ces incapacités sont éludées au grand jour, que lorsqu'elles le sont en secret. La deuxième raison sur laquelle semble s'appuyer Troplong est tirée du droit romain, qui ne voyait pas de fraude à la loi dans une violation faite sans artifice ou moyen détourné. Cette théorie est indiquée dans un fragment de Callistrate ([1]) : *Non intelligitur fraudem fecisse legi qui rogatus est palàm restituere*. D'après ce jurisconsulte, il n'y a fraude que si la condition de restituer a été exprimée ailleurs que dans le testament ou dans un codicille, dans un acte sous seing-privé quelconque. Un rescrit d'Adrien vint confirmer cette doctrine, dont on retrouve la trace dans un assez grand nombre de textes.

Toujours d'après Troplong, la preuve d'un accord formel entre le grevé et l'incapable ne serait pas nécessaire pour faire admettre l'interposition. Il suffirait que la pensée de frauder la loi résultât de la nature même des choses. Ainsi des circonstances particulières, comme des rapports d'amitié, de dépendance personnelle, de convictions religieuses, suffiraient pour faire admettre l'interposition et la fraude. La jurisprudence a souvent consacré ce système de Troplong. C'est ainsi que la Cour de cassation ([2]) après avoir admis en principe le pouvoir discrétionnaire des juges, décide qu'il n'est pas nécessaire, pour annuler la dona-

---

([1]) L. 3, præ., et § 1, D., *De jure fisci*.

([2]) Arrêt du 20 juillet 1846.

tion, de constater un concert frauduleux entre la
personne interposée et l'incapable.

Nous admettons cette solution sans difficulté, surtout
dans l'espèce de l'arrêt où l'intention du disposant était
manifeste. Mais peut-on aller jusqu'à dire qu'il n'est
pas nécessaire de constater un concert frauduleux
entre le disposant et l'incapable, qu'il n'est même pas
nécessaire que la personne interposée ait eu connaissance de l'intention du testateur de gratifier un
incapable? N'est-ce pas livrer aux interprétations
arbitraires des tribunaux, des dispositions souvent
faites sans la moindre intention de violer la loi? C'est
cependant ce qu'a fait la Cour suprême ([1]) et après
elle la Cour de Bordeaux ([2]).

C'est sur la communauté d'intérêts qui existe entre
les descendants et les ascendants, l'époux et l'épouse,
que le législateur a fondé la présomption d'interposition.

Les causes d'après lesquelles l'interposition est
présumée sont absolument *personnelles* et ne doivent
pas être étendues par analogie. Ainsi, la disposition
de l'article 1100 qui concerne les donations faites par
l'un des époux aux enfants de l'autre époux issus d'un
précédent mariage, et celles faites aux parents dont

([1]) Arrêt du 20 avril 1847.
([2]) 8 décembre 1847.

l'autre époux sera héritier présomptif au jour de la donation, cette disposition, dis-je, a un caractère spécial et ne doit pas être généralisée.

La plupart des auteurs admettent cependant qu'en ce qui concerne les enfants, la loi assimile la filiation légitime à la filiation naturelle et même incestueuse ou adultérine ([1]). Les Cours d'Angers ([2]) et de Lyon ([3]) ont donné à cette opinion la consécration de leurs arrêts.

L'article 911 n'a pas seulement basé la présomption d'interposition sur la faculté de succéder, mais encore sur l'affection réciproque. Ainsi, il est certain que l'époux succède rarement à son conjoint; au contraire, les frères et sœurs qui ne sont pas compris dans la prohibition, succèdent aussi souvent et même pour une plus grande part que le père et la mère ([4]).

La parenté adoptive fait présumer l'interposition; elle imite la parenté naturelle et produit les mêmes effets lorsque la loi n'en a pas décidé autrement. Quant à la parenté *par alliance,* elle ne tombe pas sous le coup de l'article 911.

La loi n'établit pas de présomptions d'interposition

([1]) Bedel, *De l'adultère,* n° 102.
([2]) Arrêt du 13 août 1806.
([3]) Arrêt du 25 mars 1835.
([4]) Dur., t. VIII, n° 272.

de personnes pour sanctionner l'incapacité de donner,
comme elle en établit pour sanctionner celle de recevoir. Ainsi, une donation pourra très bien être faite
par le *père* ou par le *fils* d'un individu incapable de
disposer.

Lorsqu'on se trouvera en présence d'un des cas
prévus par le Code civil, c'est-à-dire lorsqu'une libéralité aura été adressée à une personne légalement
présumée interposée, on devra, avant d'appliquer la
sanction, rechercher si l'incapable a pu réellement
profiter de la disposition. Cette condition est indispensable, on le comprend, à l'application des présomptions. Je suppose, en effet, qu'une donation ait été
faite à l'enfant d'un incapable, mais après le décès de
cet incapable, il est bien évident qu'il n'y aura pas
lieu d'appliquer les prescriptions de la loi, et que la
libéralité sera parfaitement valable ([1]).

De même si l'incapable est relevé de son incapacité
et peut valablement recevoir, la personnne réputée
interposée ne peut plus être considérée comme telle.
C'est une limitation que l'on doit avoir soin d'apporter
à l'article 911.

Il faut remarquer encore que lorsqu'une question
d'interposition de personnes vient à se poser, on ne

([1]) Coin-Delisle, *Commentaire analytique* (nouv. édit. de 1855),
art. 911, n° 20. .

doit pas la décider en prenant pour bases de son raisonnement les règles qui déterminent les époques auxquelles doit exister la capacité du donataire ou du légataire [1]. Supposons, par exemple, qu'une libéralité a été faite à une personne qu'on ne pouvait même pas soupçonner d'être interposée au moment de la confection du testament ou de la déclaration de la donation, parce qu'à cette époque il n'existait pas encore d'incapable. On doit décider que la présomption d'interposition ne sera pas applicable, parce que l'incapacité n'est survenue qu'après le moment où cette personne a été choisie comme donataire ou légataire.

On devra encore considérer comme valable la libéralité testamentaire faite du vivant de l'incapable à une personne réputée interposée, quand il se trouve que l'incapable est mort *avant le testateur*. Cette solution, toutefois, devrait être repoussée dans le cas où la présomption reposerait sur une idée d'abus d'influence, par exemple pour une donation faite à un tuteur par son pupille. Une donation entre vifs faite dans les mêmes conditions sera valable si elle n'a été acceptée *qu'après le décès* de l'incapable, et si elle a été exécutée par le donateur au profit du donataire. En remplissant les promesses contenues dans la libé-

---

(1) Troplong, *Com. sur le titre des donat. et des test.*, II, 709 et suiv.

ralité, le disposant renouvelle pour ainsi dire sa volonté de donner à telle personne (¹).

L'interposition de personnes doit nécessairement pouvoir se présumer en dehors des cas déterminés par la loi. Ainsi, on peut être amené bien des fois, à la suite de l'examen attentif des circonstances qui accompagnent un acte, à soupçonner certaines personnes de ne figurer que comme intermédiaires, alors même qu'elles sont complètement étrangères à l'incapable. Ce sera une question d'appréciation pour les juges. D'autres fois, au contraire, la donation devra être validée malgré certaines présomptions de fait. La Cour de Caen (²) a rendu un arrêt assez intéressant en cette matière. Elle a décidé que bien qu'un donateur ait la certitude qu'en faisant une libéralité à une personne, cette personne donnera à une autre les objets composant la donation, son opinion ne doit pas être considérée comme une condition tacite constituant une interposition de personne, et la donation ne peut pas être annulée comme entachée de ce vice, alors même que le donataire aurait en effet disposé, selon la pensée du donateur, des objets à lui donnés.

L'action en nullité une fois ouverte contre les dis-

(¹) Troplong, II, p. 713-716.
(¹) Arrêt du 31 janvier 1827.

positions déguisées qui s'adressent à des incapables, on doit se demander à quelles personnes cette action compète. Il est nécessaire, pour résoudre la question, d'établir une distinction entre les donations entre vifs et les legs.

S'agit-il d'une donation, la nullité peut en être demandée par le donateur lui-même, par ses créanciers ou ayants-cause, et après son décès, par ses héritiers et leurs créanciers.

S'agit-il d'un legs, on donne le droit d'invoquer sa nullité à tous ceux qui seront appelés à profiter du montant de la disposition annulée, et aux créanciers de ces personnes intéressées.

La donation ou le legs nuls pour cause d'interposition de personnes sont anéantis à l'égard de la personne interposée, comme à l'égard du donataire ou légataire réel. C'est le seul moyen d'empêcher que la donation ne parvienne à l'incapable. Nous avons parlé des personnes auxquelles compète l'action en nullité; nous devons ajouter que si une incapacité est fondée sur un motif d'ordre public, il est permis à toute personne intéressée de s'en prévaloir et de faire appliquer la sanction. Ainsi, l'article 908 qui établit une action en réduction au sujet des enfants naturels, veut garantir sans doute les droits des héritiers *ab intestat,* mais son but principal est de conserver intact l'hon-

neur du mariage, et d'assurer les intérêts moraux de
la parenté légitime. Aussi MM. Aubry et Rau pensent-
ils que dans le cas où les héritiers *ab intestat* sont
exclus de la succession du disposant par un légataire
universel, et se trouvent ainsi sans intérêt à former
cette action, ce dernier a qualité pour l'exercer.

Enfin, avant de terminer ce paragraphe consacré
aux lois sur l'incapacité, remarquons qu'il n'est pas
permis de disposer à titre gratuit, *en faveur d'une
chose;* la libéralité ne peut viser *qu'une personne.* On
doit donc considérer comme *nul* le legs d'une rente
perpétuelle fait au propriétaire d'une maison, en cette
qualité de propriétaire, et sous la condition expresse
que la rente restera toujours attachée à·la maison (¹).

§ II. — *Lois sur l'indisponibilité.*

A. — De la réserve en général.

En principe, le droit de disposer à titre gratuit
s'étend à l'ensemble des biens qui se trouvent dans le
patrimoine actuel du disposant, ou qui se trouvent
dans son hérédité. Mais cette plénitude du droit
n'existe plus quand il s'agit de personnes ayant des
ascendants ou descendants; et, bien que jouissant
d'une capacité complète, ces personnes voient leur

(¹) Demolombe, t. XVIII, 617.

liberté entravée par la faculté que la loi accorde à leurs héritiers de critiquer leurs libéralités exagérées. Considérée par rapport à ces personnes, la portion de biens dont elles ont la libre disposition se nomme. *quotité disponible,* et celle dont la disposition leur est interdite, *quotité indisponible.* La *quotité disponible* peut être donnée en tout ou en partie, soit par acte entre vifs, soit par testament, non seulement à des tiers non successibles, mais encore à l'un ou à plusieurs des héritiers. Il faut remarquer cependant que les dispositions entre vifs ou testamentaires faites à un successible sont sujettes à rapport, à moins qu'elles n'aient été faites par préciput, ou que le donataire ou légataire ne renonce à la succession, pour conserver en entier la donation ou le legs dont il s'agit.

Quant à la *quotité indisponible,* elle prend le nom de *réserve,* lorsque la prohibition de disposer est établie en faveur d'une certaine classe de personnes que la loi prend le soin de désigner, afin de garantir leur droit de succession *ab intestat.* Le mot *réserve* a encore une autre signification; il désigne ce droit même de succession qu'ont les personnes dont nous venons de parler, sur la portion de biens déclarée indisponible en leur faveur. Quand les libéralités du défunt excèdent la quotité disponible, on opère leur réduction par voie de *retranchement en nature,* en observant de laisser toujours la réserve exempte de toutes charges.

Les héritiers ont pour cela une action connue sous le nom de *action en réduction,* mais ils n'ont pas d'*action en nullité.* Aussi voyons-nous avec étonnement la Cour de cassation se mettre en désaccord avec sa doctrine ordinaire, et *annuler* une donation déguisée qui avait été faite dans le but d'enlever à un enfant légitimé les droits que lui donnait sa naissance ([1]). Dans l'espèce, on devait prononcer, non pas la nullité, mais la réduction, la loi ne disant nulle part que la donation déguisée est nulle quand elle est faite en fraude des réservataires, mais la déclarant seulement réductible.

Quand il s'agit de libéralités faites à des étrangers, on doit les imputer sur la quotité disponible, sans distinguer si elles ont eu lieu ouvertement ou sous une forme déguisée. Si ces dispositions gratuites sont adressées à des successibles et peuvent être considérées comme ayant été faites avec dispense de rapport, on doit les imputer également sur la quotité disponible.

L'article 918 vise précisément ces sortes de libéralités; il vient à l'encontre des velléités de déguisement sur lesquelles le père pourrait compter pour éluder les dispositions de la loi.

([1]) Arrêt du 7 juillet 1824. — Dalloz, mot *Paternité,* n° 439, 3°.

Aux termes de cet article, la valeur en pleine propriété des biens aliénés s'impute sur la quotité disponible, l'excédant devant, s'il y a lieu, être rapporté à la succession. On sait qu'il s'agit ici des cessions de biens corporels ou incorporels faites par le défunt à l'un de ses successibles en ligne directe, soit à *fonds perdu,* soit à charge de *rente viagère,* soit avec réserve d'*usufruit.* Il y a aliénation à charge de *rente viagère,* lorsque l'acquéreur s'oblige à payer au vendeur une prestation annuelle durant autant que le crédirentier.

L'aliénation à *fonds perdu* se fait moyennant un *droit viager* également. Le droit d'*usufruit* s'éteint aussi à la mort de l'usufruitier. — Dans ces différentes aliénations, la jouissance s'éteint à la mort de l'aliénateur. On emploie fréquemment pour déguiser une donation la *vente avec réserve d'usufruit;* c'est pour cela que l'article 918 lui applique la présomption établie pour aliénations à fonds perdu.

C'est en raison de leur nature et de la qualité des personnes au profit desquelles elles sont faites, que les aliénations désignées par l'article 918 sont considérées comme purement gratuites. C'est un des cas dans lesquels il y a présomption légale de simulation et de gratuité; mais comme cette présomption peut frapper à faux, le Code ne déclare pas la nullité de l'acte; il

se contente de déclarer réductibles à la quotité disponible les libéralités que l'on suppose faites dans le but
de créer un préciput trop considérable. — « Annuler
» complètement ces aliénations, ce serait gêner la
» liberté naturelle, dit Jaubert; maintenir indistincte-
» ment toutes les clauses de ces actes, ce serait
» compromettre, ruiner même les autres successibles
» à l'aide d'un acte qui, au fond, ne serait le plus
» souvent qu'une véritable donation [1]. »

B. — De la réserve entre époux.

Quand c'est entre époux qu'ont eu lieu des dispositions gratuites se cachant sous le voile d'un contrat
à titre onéreux, ou sous le nom de personnes interposées, on doit se préoccuper d'abord de savoir si
elles ont été faites dans le but d'excéder la quotité
disponible. Ce fait une fois acquis, ces libéralités sont
non seulement réductibles mais *nulles pour le tout*. Si
la disposition résultait d'un acte non entaché de
déguisement, il y aurait lieu de prononcer simplement
la réduction [2].

L'homme ou la femme qui ayant des enfants d'une
précédente union contracte un nouveau mariage, ne

---

[1] Locré, *Rapport au Tribunat*, séance du 9 floréal an XI.
[2] MM. Aubry et Rau, t. VII, p. 259.

peut donner ou léguer à son nouvel époux qu'une part d'enfant légitime le moins prenant, sans que, dans aucun cas, ses libéralités au profit de cet époux puissent excéder le quart des biens. (Art. 1098.) Toute disposition gratuite ayant pour but d'éluder les prescriptions de cet article doivent être frappées de nullité absolue. Il n'y a pas ici de distinction à établir entre les dispositions testamentaires et les donations entre vifs.

Nous trouvons dans Zachariæ (¹) et M. Dalloz (²), à propos des donations entre époux, une opinion qui ne nous paraît pas acceptable. D'après ces auteurs, les donations déguisées faites entre époux seraient *nulles en totalité* lorsqu'elles *excèdent* la quotité disponible, et *valables* si elles *ne la dépassent pas*.

On s'exposerait, en adoptant ces idées, à annuler souvent des dispositions faites sans aucune intention frauduleuse, et à maintenir des actes qui, en réalité, auraient eu pour but d'éluder les dispositions de la loi. En effet, la circonstance que la quotité disponible a été dépassée ou ne l'a pas été, n'indique pas nécessairement l'intention de faire fraude à la loi, ou l'absence d'une pareille intention. Sans

(¹) § 690, texte et note 17.
(²) Année 1837, 2, 1.

doute la présomption de fraude résulte bien de ce fait, que la quotité disponible a été dépassée, mais cette présomption ne saurait être considérée comme absolue. Bien des fois il peut arriver au disposant de dépasser sans le vouloir les limites de la quotité disponible, parce qu'il est souvent dans l'impossibilité de connaître, même approximativement, le montant de cette quotité, qui ne se trouvera fixée qu'à son décès.

Nous sommes amenés tout naturellement à nous demander à cette place, comment s'opère la réduction d'une donation déguisée, dans les divers cas où, d'après nous, elle est valable.

Nous savons que les donations doivent être réduites à leur date ; seulement il peut se présenter une difficulté dans la détermination de cette date. Établissons donc une distinction : ou bien l'acte à titre onéreux qui contient la donation est passé en forme authentique, ou bien il est sous seing-privé. S'il est authentique, il équivaut à une donation faite dans les formes prescrites par la loi ; pas de difficulté. S'il est sous seing-privé, il faudra, pour lui donner une date, que l'une des trois conditions exigées par l'art. 1328 ait été remplie. Ce sera la date de la réalisation de l'une de ces conditions que l'on considèrera pour soumettre la libéralité à la réduction.

La nullité prononcée par le deuxième alinéa de l'article 1099 sert de garantie au droit de réserve contre les libéralités déguisées. Elle ne peut être invoquée ni par l'époux, auteur de la disposition, ni par ses créanciers. C'est pour sauvegarder les droits des enfants du premier lit, que le législateur a introduit cette hypothèse dans notre article; à cet égard, les travaux préparatoires ne laissent pas le moindre doute. Or, comme un des plus sûrs moyens de connaître la véritable pensée de la loi, et de déterminer facilement la nature et la portée de la sanction qu'elle édicte, est précisément de découvrir les motifs qui l'ont inspirée, on doit, pour le cas dont nous nous occupons, décider que les enfants du premier lit seuls pourront invoquer l'article 1099. Il est certain encore que la réclamation de ces mêmes enfants ne sera admise qu'après l'ouverture de la succession du donateur ou testateur, et que, de son vivant, ils ne pourront même pas prendre de mesures conservatoires de l'exercice de leur droit de réserve. La réserve, en effet, ne constitue même pas un droit éventuel tant que la succession n'est pas ouverte.

Par cela seul que le droit de demander la réduction s'est ouvert dans la personne des enfants du premier lit, il se communique aux enfants issus de la nouvelle union, à cause de laquelle a été portée la restriction.

Comme ils auront leur part des biens enlevés aux libéralités excessives, ils ont intérêt à exercer l'action en réduction, dans le cas, peu probable d'ailleurs, où les premiers renonceraient à ce droit (¹).

M. Demolombe (²) est absolument opposé à l'opinion que nous venons d'émettre. D'après lui, la sanction de l'article 1099 s'applique à l'article 1096, et a pour but d'assurer le maintien du principe de la révocabilité des donations entre époux pendant le mariage. Il se demande ensuite quel sera le sort de la libéralité déguisée faite par l'un des époux à l'autre, et énumère les quatre systèmes qui se trouvent en présence sur ce sujet difficile.

Le premier traite cette libéralité comme une simple libéralité indirecte, et déclare qu'elle est valable pour le tout si elle n'excède pas la quotité disponible, et seulement réductible si elle l'excède. Le second distingue : si la libéralité n'excède pas la quotité disponible, elle est valable; si elle l'excède, elle est nulle *pour le tout.* Le troisième établit la même distinction que le deuxième, mais en se basant sur *l'intention* des parties.

Enfin, le quatrième, qui est celui de M. Demolombe,

(¹) MM. Aubry et Rau, t. VII, p. 282, notes 37 et 38.

(²) *Traité des donat. entre vifs et des test.*, t. VI, nᵒˢ 606 et suiv.

déclare dans tous les cas la *nullité absolue* de la libéralité. Que l'on rapproche, dit-il, l'article 1099 de
l'article 911, la rédaction est la même ; dans les deux
on prononce la nullité. Si la libéralité déguisée faite
par le père ou la mère à un enfant naturel est valable
lorsqu'elle n'excède pas la part que cet enfant peut
recevoir dans la succession, c'est parce que l'article 911 ne décrète la nullité que contre *un incapable,*
et qu'on ne peut pas considérer comme tel l'enfant
naturel, puisqu'il peut recevoir une certaine portion
de la succession de son auteur. Par conséquent, la
donation déguisée qui lui transmet cette portion sans
la dépasser n'est pas nulle, et devient seulement
réductible lorsqu'elle l'excède. Au contraire, dans
l'article 1099, la donation déguisée faite par l'un des
époux à l'autre époux est déclarée nulle ; or, cette
qualité d'époux n'est pas susceptible de plus ou de
moins ; on ne peut imaginer un moment où elle cesse
de produire tous ses effets ; donc, toute donation
déguisée faite entre époux est toujours nécessairement
nulle. L'article 1099 consacre une exception à la règle
générale qui veut que les donations déguisées soient
seulement réductibles quand elles excèdent la quotité
disponible ordinaire des articles 913 et 915.

La nullité de l'article 1099 peut être proposée par
toutes les personnes intéressées, parce qu'elle a pour

cause, soit un vice de forme, soit une mesure d'ordre public. Ici encore, M. Demolombe rencontre de nombreux adversaires dans la doctrine et la jurisprudence, qui soutiennent que le droit d'exercer la nullité n'appartient qu'aux héritiers réservataires et aux créanciers du donateur, mais seulement lorsqu'ils sont antérieurs à la donation et agissent en vertu de l'article 1167.

Toutes nos préférences sont pour le système de M. Demolombe. Si le donateur, en effet, a dépassé la quotité disponible au moyen d'une libéralité déguisée, il n'a agi ainsi que dans le but d'empêcher les réservataires d'en demander la réduction; et presque toujours il réussira. Car la fraude déjoue facilement la prévoyance du législateur; elle est fertile en expédients, et trouve mille moyens de tourner et d'éluder la loi. En prononçant simplement la réduction, la loi n'aurait pas apporté au mal un remède suffisant. En effet, en supposant la fraude découverte, la libéralité aurait été maintenue comme si elle avait été faite de bonne foi; en supposant qu'elle reste cachée, le fraudeur atteint son but sans obstacle. On le voit, il était nécessaire de déjouer ce calcul malhonnête; c'est le parti qu'a pris notre Code. En annulant pour le tout la donation frauduleuse, il inspire au donateur une crainte salutaire (1).

---

(1) Laurent, *Principes de Droit civil,* t. XV, p. 455.

C. — Du rapport.

L'article 843 oblige tout héritier venant à une succession de rapporter à la masse toutes les donations directes ou indirectes qu'il a reçues du défunt, à moins qu'elles ne lui aient été faites par préciput et hors part. Nous allons examiner si les donations déguisées sous la forme d'un contrat à titre onéreux, ou faites au moyen d'une interposition de personnes, rentrent dans les dispositions de l'article 843 ou sont virtuellement dispensées du rapport.

Il existe sur ce point trois systèmes principaux que nous allons successivement exposer :

1° *Les donations déguisées sont virtuellement dispensées du rapport.* — Les partisans de ce système, Marcadé ([1]) entre autres, soutiennent qu'en employant un moyen détourné, le donateur a manifesté l'intention de dispenser son successible de toute formalité au sujet de l'avantage qu'il lui fait ; d'après eux, en soumettant ces donations au rapport, on violerait l'axiome d'après lequel *on peut faire indirectement tout ce que la loi permet de faire directement.*

M. Massé va même plus loin ; il prétend que le Code n'a prévu nulle part les donations déguisées, et que

([1]) T. III, p. 238 et suiv.

c'est en elles-mêmes qu'il faut chercher les conditions
de leur existence ; que, d'ailleurs, les articles 847, 848,
849, font résulter la dispense du rapport du seul fait
d'interposition de personnes, et l'article 918 du déguisement sous la forme d'un contrat à titre onéreux (¹).

2° La jurisprudence reconnaît aujourd'hui que les
donations déguisées sont soumises au rapport en vertu
de l'article 843 ; d'après elle, le fait seul du déguisement n'est pas suffisant pour faire présumer la dispense,
mais à la différence des donations ordinaires, le juge,
en cette matière, pourrait induire la dispense du
rapport, de certaines présomptions et même de la
preuve testimoniale (²).

Le système de la jurisprudence consiste donc à
soumettre les donations déguisées à la règle du rapport
édictée dans la première partie de l'article 843, puis à
les soustraire à cette règle en dehors de l'exception
unique énoncée dans la deuxième partie du même
article, et qui est évidemment corrélative de la première ; c'est là une inconséquence qui ne trouve d'appui
dans aucun texte de loi, mais qui, en revanche, ajoute
gratuitement une nouvelle exception à celle établie
d'une manière limitative par l'article 843, in fine.

On a dit, pour justifier ce système, que la dispense

(¹) Collect. nouv. de Devill., t. IV, p. 367.
(²) Cass., arrêt du 10 novembre 1852, *Aff. Reymond.*

expresse était incompatible avec la nature et les motifs de la donation déguisée; que le déguisement était employé le plus ordinairement pour éviter des formes gênantes, des droits d'enregistrement élevés, ou pour maintenir l'harmonie dans les familles et écarter provisoirement l'idée des avantages qui pourraient exciter la jalousie entre les enfants; en insérant dans de tels actes la dispense du rapport, ne révèlerait-on pas le véritable caractère de l'acte, ne rendrait-on pas le déguisement sans objet? — Cette objection n'est pas sérieuse, puisque l'article 919 permet d'inscrire la dispense dans un acte séparé en se conformant aux règles exigées.

3° Ce dernier système auquel nous nous rallions, consiste à soutenir que les donations déguisées sont soumises au rapport, à moins d'une dispense expresse. En effet, l'article 843 soumet à l'obligation du rapport toutes les donations directes ou indirectes qui n'en sont pas expressément dispensées par le donateur. Les donations déguisées sont comprises dans cette prescription, puisqu'elles ne sont, comme nous avons essayé de le prouver plus haut, que des libéralités indirectes avec le déguisement en plus.

Sans doute nous trouvons des auteurs comme M. Massé, qui nient l'existence même des donations déguisées; mais peut-on s'arrêter à une opinion aussi exagérée quand on a simplement lu le texte des articles 911, 918, 1099 dans lesquels le législateur leur donne en toutes lettres cette qualification? Les articles 853 et 854 nous fournissent en plus un argument *à contrario :* du moment, en effet, que ces articles n'accordent la dispense du rapport au bénéfice retiré de conventions passées avec le défunt, que tout autant que ces conventions ne présentaient aucun avantage caché quand elles ont été faites, il résulte bien que le rapport devra être effectué dans le cas où l'avantage existait au moment même de la convention.

L'acte dont nous nous occupons réunit les deux circonstances de contrat à titre onéreux, en apparence du moins, et d'avantage indirect, ce qui constitue la donation déguisée, et cependant la loi est loin de voir dans ce déguisement seul une dispense de rapport. Notre système est donc le plus rationnel, puisqu'il veut une dispense expresse sans laquelle le rapport doit toujours être effectué. Sans doute nos adversaires prétendent que les articles cités plus haut visent seulement des avantages prohibés par les dispositions de la loi sur la capacité de disposer ou de recevoir à titre gratuit et sur la quotité disponible; mais, comme le fait remarquer M. Demolombe (1), il n'est pas admis-

(1) *Traité des Succes.,* t. IV, n° 253.

sible que ces articles placés dans la section du rapport
visent des cas de capacité personnelle ou de disponibilité réelle. — Les articles 847, 848, 849 et 918, qui
dispensent du rapport les donations présumées faites
à des personnes interposées, n'en dispensent pas toutes
les libéralités déguisées : au contraire, en créant ces
exceptions, le législateur a voulu confirmer la règle ;
et d'ailleurs, nous savons qu'en matière de présomptions légales on doit interpréter les dispositions de la
loi d'une manière restrictive, et qu'il est absolument
contraire à l'esprit du Code de les étendre par
analogie.

« La spécialité d'une disposition formelle de la loi,
» dit Toullier (¹), peut seule caractériser une présomp-
» tion légale. La conséquence que l'on peut tirer par
» argumentation d'un texte de la loi, en raisonnant
» par analogie, pour étendre sa décision d'un cas à un
» autre cas analogue, ne serait point une présomption
» légale, mais une présomption de l'homme. »

La manière de raisonner de nos adversaires consiste
justement à substituer, en vertu d'une analogie, une
présomption de l'homme à une présomption légale ; et
je le demande, n'est-ce pas là violer à la fois la lettre
de l'article 843, qui exige toujours une dispense

(¹) T. X, n° 32.

expresse, et son esprit qui veut le maintien de l'égalité entre les cohéritiers, lorsque le moindre doute peut subsister, c'est-à-dire lorsque le *de cujus* n'a pas manifesté évidemment une volonté contraire?

APPENDICE

De la Preuve.

« Les difficultés, dit M. Deloynes (¹), sont consi-
» dérables quand il s'agit d'établir l'existence d'une
» intention, d'une volonté qui dans la plupart des cas
» reste cachée, et n'est connue que de deux personnes,
» le disposant et le bénéficiaire apparent. La loi est
» venue au secours des parties intéressées en édictant
» dans ses articles 911 et 1100 des présomptions
» d'interposition de personnes, présomptions absolues
» qui dispensent celui qui les invoque de toute preuve,
» et contre lesquelles aucune preuve n'est admise. »

Nous avons déjà parlé des présomptions établies par l'article 911; disons maintenant quelques mots de celles qu'établit l'article 1100. De cet article il résulte que deux classes de personnes sont légalement présumées interposées :

(¹) Rapport à la rentrée des Facultés. Bordeaux, 1875.

1° Les enfants, ou l'un des enfants de l'autre époux, issus d'un autre mariage; 2° les parents dont l'autre époux était héritier présomptif, au jour de la donation.

Des termes mêmes de l'article on doit conclure que les *enfants communs* des deux époux ne sont pas présumés personnes interposées; et ce n'est que justice. Qui trouverait étonnant que le père et la mère fassent des donations à leurs enfants, pour les marier, pour leur permettre de s'établir? La présomption ne s'applique donc jamais contre eux, même dans le cas où l'un des auteurs profiterait de la donation, par suite du prédécès de l'enfant donataire ([1]).

Quant aux enfants *naturels* ou *adoptifs* de *l'autre* époux, ils sont présumés personnes interposées; et sous le nom d'*enfants* de l'autre époux, issus d'un autre mariage, il faut comprendre tous les descendants, à quelque degré que ce soit.

L'article 1100 s'occupe ensuite des parents dont l'autre époux sera héritier présomptif au jour de la donation.

Puisque c'est *au jour de la donation* que le législateur considère l'état des choses, il faut décider que la présomption légale d'interposition existe, si à l'époque

---

([1]) Demolombe, *Traité des donat. entre vifs et des test.*, t. VI, p. 715. — Zachariæ, Massé et Vergé, t. III, p. 165.

de la donation faite par l'un des époux, l'autre était
héritier présomptif du donataire, et cela quand même
il ne lui aurait pas survécu. A l'inverse, la présomption
n'existe pas, si au jour de la donation l'autre époux
n'était pas héritier présomptif du donataire, alors
même qu'il le serait devenu depuis, et qu'il lui aurait
survécu ([1]).

En dehors des cas prévus par la loi, on se trouve
fréquemment, dans la pratique, en présence de circonstances telles que pour fournir la preuve du fait
allégué on rencontre de sérieuses difficultés.

En matière de donations déguisées *stricto sensu*, la
Cour suprême admet la preuve par témoins et par
simples présomptions ([2]). Au premier abord cette
doctrine peut paraître inexacte; il est certain, en
effet, que le silence du Code ne justifie pas une dérogation aux principes, et qu'il est de l'essence même
d'une règle générale de s'appliquer dans tous les cas
où la loi ne s'en éloigne pas expressément. Or, la
règle est que les faits juridiques dont le montant
pécuniaire dépasse cent cinquante francs, ne peuvent
pas se prouver par témoins.

Exceptionnellement, cette preuve est admise quand

([1]) Mourlon, *Répét. écrites*, t. II, p. 449.
([2]) Arrêt du 3 juin 1863. Dalloz, 1863, I, 429.

il n'a pas été possible au demandeur de se procurer une preuve littérale (¹). On considère *les tiers* qui attaquent une donation déguisée comme rentrant dans le cas et pouvant bénéficier de l'exception. Mais que décider pour *les contractants?* Peut-on supposer qu'ils n'ont pu se procurer de preuve littérale de la simulation ou de la fraude? Non, évidemment. Et il leur arrive constamment de faire des contre-lettres pour constater la simulation d'un acte ou de la clause d'un acte, même quand il y a fraude. Il faut donc leur refuser le bénéfice de l'exception des articles 1348 et 1353 (²). C'est avec cette restriction que doit être entendue la doctrine de la Cour de cassation.

Les héritiers sont considérés comme *des tiers,* quand ils attaquent une donation faite en fraude de leurs droits de réserve, ou dans le but de dispenser du rapport : dans ce cas ils ont la preuve testimoniale à leur disposition.

La fraude qui permet de recourir aux présomptions et à la preuve testimoniale, consiste en général dans les manœuvres frauduleuses employées pour tromper l'une des parties; elle diffère de la fraude à la loi, qui consiste à éluder ses prescriptions par des actes

---

(¹) Art. 1341-1348.

(²) Cass., 1er juin 1814. — V. Dalloz, au mot *Contrat de Mariage,* nᵒ 350.

entachés de simulation. S'il s'agit de prouver une interposition de personnes qui ne rentre pas dans l'un des cas prévus par la loi, les moyens de preuve accordés au demandeur sont laissés à l'appréciation des juges.

Les personnes qui attaquent, comme renfermant une donation déguisée, un acte *à titre onéreux* passé avec une personne incapable de recevoir *à titre gratuit,* doivent faire la preuve de la simulation frauduleuse sur laquelle elles fondent leur demande en nullité; et alors, ainsi que nous venons de l'expliquer, elles ont, d'après leur qualité ou suivant les circonstances, tel ou tel moyen à leur disposition.

Delvincourt n'établit pas de distinction; d'après lui, tout contrat à titre onéreux passé entre personnes dont l'une est incapable de recevoir de l'autre *par disposition gratuite,* doit, jusqu'à preuve contraire, *être présumé renfermer en réalité une libéralité.* Cette manière de voir peut s'appuyer d'une observation du Tribunat sur l'article 911 et du changement de rédaction que cet article a subi après la communication. La rédaction proposée par le Conseil d'État portait : « *Toute donation entre vifs déguisée,* » etc.; on donna à cet article la rédaction suivante : « *Toute espèce de* » *disposition au profit d'un incapable,* » etc.

De la manière dont est conçu le projet de loi, dit le

compte-rendu, il semble qu'il faudrait soumettre aux tribunaux la question de savoir si l'acte fait sous toute autre forme que celle des dispositions à titre gratuit est oui ou non une libéralité déguisée. Il est à propos d'éviter cet arbitraire en interdisant toute espèce de dispositions, *quelle qu'en soit la forme;* on étouffera ainsi le germe de nombreux procès ([1]).

Toutefois, comme dans la discussion au Conseil d'État rien n'indique que la nouvelle rédaction proposée par le Tribunat ait été adoptée *avec le sens* dans lequel elle paraît avoir été demandée; comme le contraire résulte même des discours prononcés par les orateurs du gouvernement et du Tribunat ([2]), et des termes de l'article 911 qui ne dit pas : *tout acte fait avec un incapable,* mais bien : *toute disposition faite au profit,* etc., nous ne pensons pas qu'il faille s'arrêter à l'opinion de Delvincourt, opinion qui, d'ailleurs, est également contraire à la règle: *Onus probandi incumbit actori,* et au principe que *la fraude ne se présume pas* ([3]).

Il faut donc revenir à ce principe, que tout acte fait foi entre les parties qui l'ont souscrit, et que c'est à celui qui l'attaque à prouver qu'il n'est qu'un simple

---

([1]) Locré, *Législ.*, XI, p. 306, n° 11.
([2]) *Id.*, p. 335 à 339.
([3]) Aubry et Rau, t. VII.

déguisement. En effet, la prohibition de *donner* à une personne n'empêche pas de *contracter* avec elle. La preuve, d'ailleurs, ne sera pas nécessairement *négative,* comme certains auteurs le soutiennent ; la fraude peut s'induire de bien des circonstances, et, comme nous l'avons vu, les héritiers étant considérés comme des tiers, peuvent user de toutes sortes de moyens de preuve (¹).

(¹) Dur., t. VIII, n° 267.

LÉGISLATION COMPARÉE

EXAMEN CRITIQUE DE NOTRE LÉGISLATION SUR LES LIBÉRALITÉS
DÉGUISÉES.

CHAPITRE Ier

Législation comparée.

1° *Code italien.* — D'après le nouveau Code italien ([1]), les incapacités de disposer et de recevoir par donation ou testament diffèrent de celles qu'édicte notre loi civile, mais la sanction reste la même.

Les dispositions gratuites en faveur des personnes incapables désignées dans les articles 767, 772 sont *nulles*, bien qu'elles soient dissimulées sous la forme d'un contrat à titre onéreux ou qu'elles soient faites sous le nom d'une personne interposée.

Sont réputées personnes interposées : les *père, mère, descendants* et *époux* de l'incapable.

D'après l'article 1053, les personnes qui sont incapables de recevoir par testament, ne peuvent recevoir

---

([1]) Th. Huc, *Le Code civil italien*, t. II.

par donation, pas même sous le nom de personnes interposées.

L'article 1055 décide que *toute donation* au profit d'un incapable est *nulle,* bien qu'elle soit faite sous l'apparence d'un contrat à titre onéreux.

On doit remarquer que, dans ce nouveau Code italien, il n'y a pas de présomption d'interposition en ce qui concerne les donations. Ce n'est qu'en matière de disposition testamentaire que les présomptions légales existent.

Quant aux donations entre époux, elles tombent sous l'application des articles 1053, 1055 ; quand elles sont faites *pendant le mariage* elles sont absolument prohibées, les époux ne pouvant se faire de libéralités que par testament. C'est une nouvelle différence à noter entre notre Code et le Code italien. L'article 1056 de ce Code décide que *tous les actes* de donation doivent être faits par acte public à peine de nullité, tandis que l'article 1055 parle de *toutes donations.* Cette différence si remarquable existe, comme nous l'avons vu, entre les termes des articles 931 et 911 de notre Code civil.

2° *Législation de la Grande-Bretagne.* — Cette législation édicte une sanction pour toutes les incapacités de disposer et de recevoir ; pour en donner une idée, nous citerons quelques-uns des articles qui concernent cette matière.

Art. 501. — Quand un acte quelconque intervenu entre le tuteur et le mineur paraît avoir été le résultat de l'influence du tuteur sur l'esprit de son pupille, la Cour de la Chancellerie l'annule.

Art. 502. — Les enfants naturels peuvent recevoir de leurs parents comme de toute autre personne.

Art. 503. — Toute donation entre vifs ou disposition testamentaire, faite par une personne malade ou âgée, en faveur de ceux qui l'ont soignée, comme un médecin ou chirurgien, quand il apparaît qu'elle en a compris l'effet et la portée, et que cette disposition n'a pas été le résultat d'une influence répréhensible exercée sur l'esprit du donateur, sera valable.

Art. 570. — Le mari ne peut, suivant la loi commune, faire après le mariage aucune donation à sa femme, *si ce n'est par l'intervention de fidéicommissaires*. Cependant on tolère certains dons entre époux, et le mari peut donner par testament *tous ses biens réels* et *personnels* à sa femme.

Art. 571. — On peut donner à son nouveau conjoint ou aux enfants à naître d'un second mariage, tous les biens dont on n'a pas précédemment disposé, même au préjudice des enfants nés d'un précédent mariage ([1]).

Ainsi donc, on n'use pas en Angleterre de la même rigueur qu'en France, et la nullité n'est prononcée par la Chancellerie, qu'autant qu'une influence malsaine aura été exercée sur l'esprit du disposant et qu'on ne pourra pas conserver de doute à cet égard. Il n'y a donc *ni incapacité, ni nullité de droit* Cependant, en ce qui concerne deux catégories d'incapables, le

---

([1]) Anthoine de Saint-Joseph, t. II.

corporateur et *l'étranger non naturalisé,* la loi anglaise ne se contente pas d'annuler la disposition faite en leur faveur, elle confisque de plus les biens par forfaiture. La liberté absolue de tester est inscrite dans l'article 507 qui porte expressément : toute personne, qu'elle ait ou non des enfants ou d'autres parents, *peut disposer de tous ses biens* en faveur de toute personne capable.

Cette liberté absolue de tester remonte à la période anglo-saxonne; elle ne vient cependant pas de la Germanie. Elle disparaît pendant toute la durée de la prépondérance du système militaire, sauf dans quelques districts où elle fut conservée, et nous la voyons revivre aujourd'hui et prendre sa place parmi les principes de la législation anglaise.

3° Le *Code de Hollande,* exécutoire depuis l'année 1838, a réalisé d'incontestables progrès sur notre Code civil, tant au point de vue de la forme qu'au point de vue du fond ([1]).

Il décrète à peu près les mêmes incapacités de disposer et de recevoir que notre Code civil, et il reproduit exactement les articles 911 et 918.

Son article 953 reproduit l'article 909, sauf deux modifications : 1° Une nouvelle exception à ajouter à

([1]) Anthoine de Saint-Joseph, t. II.

celles de l'article, c'est celle qui concerne les donations faites au profit de l'époux du testateur; 2° une suppression du dernier paragraphe de l'article qui assimile les ministres du culte aux médecins.

Enfin, les articles 238 et 239 du Code hollandais reproduisent exactement nos articles 1099 et 1100.

L'article 945, reproduit par la *législation allemande,* fixe la capacité ou l'incapacité du testateur selon son état *à l'époque de la confection* du testament.

Il en est de même encore dans la loi sur les testaments qui régit le *pays des Grisons,* en Suisse, depuis le 1er janvier 1850 (¹) :

ART. 4. — Toute disposition émanée d'une personne capable *est valable* si, par la suite, le testateur devient incapable; au contraire, si le testament est fait par un incapable, il *ne produit aucun effet,* lors même que le testateur recouvrerait sa capacité.

Le Code civil du *canton du Tésin,* publié le 14 juin 1837 et rendu exécutoire depuis le 1er janvier 1838, admet, à peu de choses près, les mêmes incapacités de disposer et de recevoir par testament que notre loi française; nous pouvons remarquer toutefois que son article 332 ne reproduit que la première partie de notre article 911 (²).

(¹) Anthoine de Saint-Joseph, t. IV, p. 205.

(²) *Id.,* p. 292 et suiv.

De même, le Code civil du *canton du Valais,* rendu
exécutoire à partir du 1ᵉʳ janvier 1855, ne reproduit
dans ses articles 944 et 945 que le paragraphe 1ᵉʳ de
l'article 911 ; mais il y ajoute cette disposition : « L'incapacité résultant de la perte des droits civils ou de
l'exercice de ces mêmes droits, en vertu d'un jugement
de condamnation même prononcé par contumace, rend
également la donation *nulle,* lors même que l'incapacité
qui existait au temps de la donation aurait cessé à
l'époque de l'acceptation. »

Enfin, le Code civil du *canton de Neuchâtel,* rendu
exécutoire depuis le 30 avril 1875, se borne à repro-
duire le paragraphe 1ᵉʳ de notre article 911 dans son
article 647.

4° Le Code civil du *duché de Parme* (¹), qui remonte
à 1820, apporte seulement une légère modification à
notre article 911, en décidant dans son article 639
que, dans le cas d'interposition de personne, la disposition sera *entièrement nulle,* alors même que la
personne avantagée sous le nom d'autrui ne serait
incapable qu'en partie.

Le Code civil *de Haïti* (1825-1826) reproduit les
dispositions du Code Napoléon sur la capacité de
disposer et de recevoir. Il n'a supprimé que les

(¹) Ce code est abrogé depuis la promulgation du Code italien
de 1865.

articles 908 et 910. Quant aux règles sur l'indisponibilité, elles sont complètement différentes ; le Code
haïtien, en effet, dans le but d'étendre et de consolider
le droit de propriété, a reconnu et sanctionné le *droit
illimité de disposer* de ses biens par donation et testament ; par suite, il a supprimé toutes les règles relatives
au rapport et à la réduction ([1]). Il a également fait disparaître toutes les restrictions apportées par notre législation
aux donations par contrat de mariage et entre époux.

6° Dans le Code civil *de la Bolivie* (1843), il n'y a
sur la sanction des incapacités de recevoir qu'un seul
article, l'article 971 : « Sont prohibés les fidéicommis,
ou l'obligation de transporter les successions ou legs à
des incapables ; ces fidéicommis sont *nuls*. »

Nous ne trouvons pas trace de présomption ou d'interposition ; pas d'inutiles prohibitions sur les actes
déguisés. Mais le législateur de la Bolivie édicte-t-il
la nullité de la disposition tout entière ou du seul
fidéicommis? C'est une question que nous ne pouvons
pas résoudre. Le Code bolivien admet une réserve au
profit des enfants et des ascendants. En ce qui concerne
les donations entre époux, il reproduit à peu près une
disposition de notre Code civil (article 1088) : « Toute
donation entre époux déguisée sous un titre quelconque

([1]) Anth. de Saint-Joseph, t. II.

ou faite par personne interposée est interdite. » Son
article 1089 est la répétition exacte de notre article 1100;
c'est sans doute pour sanctionner sa prohibition absolue
des donations faites pendant le mariage et la restriction
qu'il apporte dans leur quotité quand elles ont une
date antérieure au mariage.

CHAPITRE II

Examen critique de notre législation sur les libéralités déguisées.

Il nous reste, en terminant cette étude, à signaler
en quelques mots les réformes que l'on devrait, d'après
nous, apporter à notre législation sur les libéralités
déguisées. Ces observations se sont tout naturellement
présentées à notre esprit, toutes les fois qu'il nous a
été permis de constater la profonde divergence d'opi-
nions qui existe entre la jurisprudence d'une part, et
la doctrine de l'autre.

La jurisprudence, en effet, depuis longues années,
a adopté un système absolument contraire à l'esprit
du Code.

Car on ne peut pas désigner autrement la persistance
avec laquelle nos Cours d'appel déclarent valables les
donations déguisées. — Nous l'avons dit plus haut,

dans l'esprit du Code civil les donations constituent un danger; et c'est pour les rendre aussi rares que possible, que ses rédacteurs les ont entourées de toutes ces solennités que l'on peut sans doute traiter de surannées, mais qui n'en sont pas moins écrites en toutes lettres dans la loi.

Ces prescriptions, la jurisprudence les met absolument de côté. En agissant ainsi, en voulant réagir malgré tout contre les nombreuses entraves apportées au droit de disposer à titre gratuit, elle subit tout simplement l'influence de l'esprit qui domine actuellement dans la société, et se trouve malheureusement amenée à donner la sanction de sa grande autorité à une pratique mauvaise, en ce sens qu'elle a pour but immédiat d'éluder la loi, et, par conséquent, de la violer.

Est-ce bien là son rôle? Nous ne le pensons pas. — Elle est préposée à la surveillance et à la stricte exécution de nos lois, mais elle n'est pas chargée de les interpréter suivant les divers courants de l'opinion publique. Aussi qu'arrive-t-il? c'est qu'on se perd, pour ainsi dire, dans tous les changements qu'apporte aux dispositions du Code le système de la jurisprudence sur les donations déguisées. Ainsi, quand on se trouve en présence d'un acte revêtu de toutes les apparences d'un contrat onéreux, et que cet acte est en réalité

une simple donation, peut-on appliquer aux contractants les conditions *de capacité* qu'exige la loi en
matière de disposition gratuite entre vifs?

On sait que l'article 1167 frappe les aliénations
faites par le débiteur en fraude des droits de ses créanciers; seulement la loi établit une distinction entre les
actes à titre gratuit et les actes à titre onéreux, et
cette distinction nous paraît avoir un fondement absolument rationnel. Il est bien certain, en effet, et c'est
ce qu'a décidé le Code, qu'on doit traiter avec plus de
faveur, avec plus de ménagement, pour ainsi dire,
l'acquéreur à titre onéreux que le simple donataire. Le
premier a remis au vendeur l'équivalent de la chose
vendue, équivalent qui peut se retrouver dans la
fortune de celui-ci et servir à désintéresser ses créanciers; quant au second, il n'a pu, en acceptant le don,
que créer ou augmenter l'insolvabilité du débiteur; il
n'a fait aucun sacrifice personnel; il n'a donc aucun
droit à la clémence du législateur. — Ceci posé, dans
quelle catégorie d'actes faudra-t-il ranger la donation
déguisée sous la forme d'une vente, par exemple?

La Cour de Dijon a jugé que les libéralités déguisées
devaient être considérées *comme des actes à titre
gratuit*, puisqu'elles sont soumises à toutes les règles
des donations ordinaires, *à l'exception de celles concernant la solennité.*

Mais les actes qui ne sont pas revêtus des formes solennelles exigées par la loi *ne sont pas des donations.* La difficulté reste donc toujours la même.

Il nous semble qu'en présence des nombreux obstacles que rencontre l'exécution des règles concernant les donations, le législateur devrait opérer certaines réformes dont la nécessité se fait sentir depuis fort longtemps déjà.

Pourquoi ne pas supprimer tout d'abord toutes ces règles de forme qui multiplient les entraves autour de la liberté de disposer gratuitement? L'innovation ne serait pas excessive, puisque dans la pratique on permet aux parties de s'affranchir de ces règles en faisant un contrat à titre onéreux renfermant une libéralité. Non seulement on ferait cesser un état de choses déplorable, un conflit qui ne devrait pas exister, mais encore on donnerait satisfaction à l'opinion publique, au sentiment général.

M. Demolombe le reconnaît lui-même, tout en restant scrupuleux observateur des règles du Code : « La solennité des contrats, dit-il, est peu conforme à nos mœurs et à nos habitudes modernes. » Ainsi donc cette suppression ne pourrait manquer de produire un bon effet.

POSITIONS

DROIT ROMAIN.

I. — Le retour de la propriété transmise sous condition résolutoire a-t-il lieu *ipso jure?* — Oui, à toutes les époques.

II. — Le contrat *litteris* opérait-il la novation? — Non.

III. — L'*in bonis* était-elle une propriété du droit des gens? — Non.

DROIT FRANÇAIS.

I. — La séparation des patrimoines engendre-t-elle, au profit des créanciers qui l'obtiennent, un véritable privilége? — Oui.

II. — L'indignité a-t-elle lieu de plein droit? — Oui.

III. — Le droit du locataire sur l'immeuble loué est-il un droit immobilier? — Non.

12.

IV. — Existe-t-il en droit français une solidarité parfaite et une solidarité imparfaite? — Non.

V. — L'erreur sur les qualités de la personne ne constitue pas l'erreur dont parle l'article 180 du Code civil.

DROIT COMMERCIAL ET MARITIME.

I. — La femme mariée peut-elle faire le commerce avec l'autorisation de la Justice et sans le consentement du mari? — Non, en aucun cas.

II. — L'abandon permis au propriétaire du navire par l'article 216 du Code de commerce, est-il translatif de la propriété du navire? — Non.

PROCÉDURE CIVILE ET DROIT PÉNAL.

I. — La *reintégrande* est-elle soumise, comme les autres actions possessoires, à la condition de l'annalité? — Oui.

II. — Une loi modifiant la durée de la prescription en matière pénale s'applique-t-elle à des faits antérieurs à sa promulgation? — Non, à moins qu'elle ne soit plus douce

III. — Est-on coupable de meurtre si l'on tue une personne autre que celle que l'on voulait tuer? — Oui.

DROIT ADMINISTRATIF.

I. — Les contraintes décernées par les receveurs particuliers emportent-elles hypothèque judiciaire ? — Non.

DROIT DES GENS.

I. — La femme française mariée et séparée peut-elle changer de nationalité sans le consentement de son mari ? — Non.

II. — La femme étrangère a-t-elle une hypothèque légale sur les biens dé son mari situés en France ? — Non.

Vu par le professeur Président de la Thèse :

Bordeaux, le 10 juillet 1877.

P. DELOYNES.

Vu par le Doyen de la Faculté de Droit :

A. COURAUD.

Vu :

Le Recteur de l'Académie de Bordeaux,

DABAS.

TABLE DES MATIÈRES

DROIT ROMAIN

DES FIDÉICOMMIS

CHAPITRE Iᵉʳ

CHAPITRE II

DROIT FRANÇAIS

DES LIBÉRALITÉS DÉGUISÉES

CHAPITRE Ier

Des libéralités déguisées en Droit romain.

CHAPITRE II

Des libéralités déguisées dans l'ancien Droit français.

DROIT ACTUEL

CHAPITRE Ier

CHAPITRE II

CHAPITRE III

Bordeaux. — Imp. G. GOUNOUILHOU, rue Guiraude, 11.

Bordeaux.—Imp. G. Gounouilhou, rue Guiraude, 11.

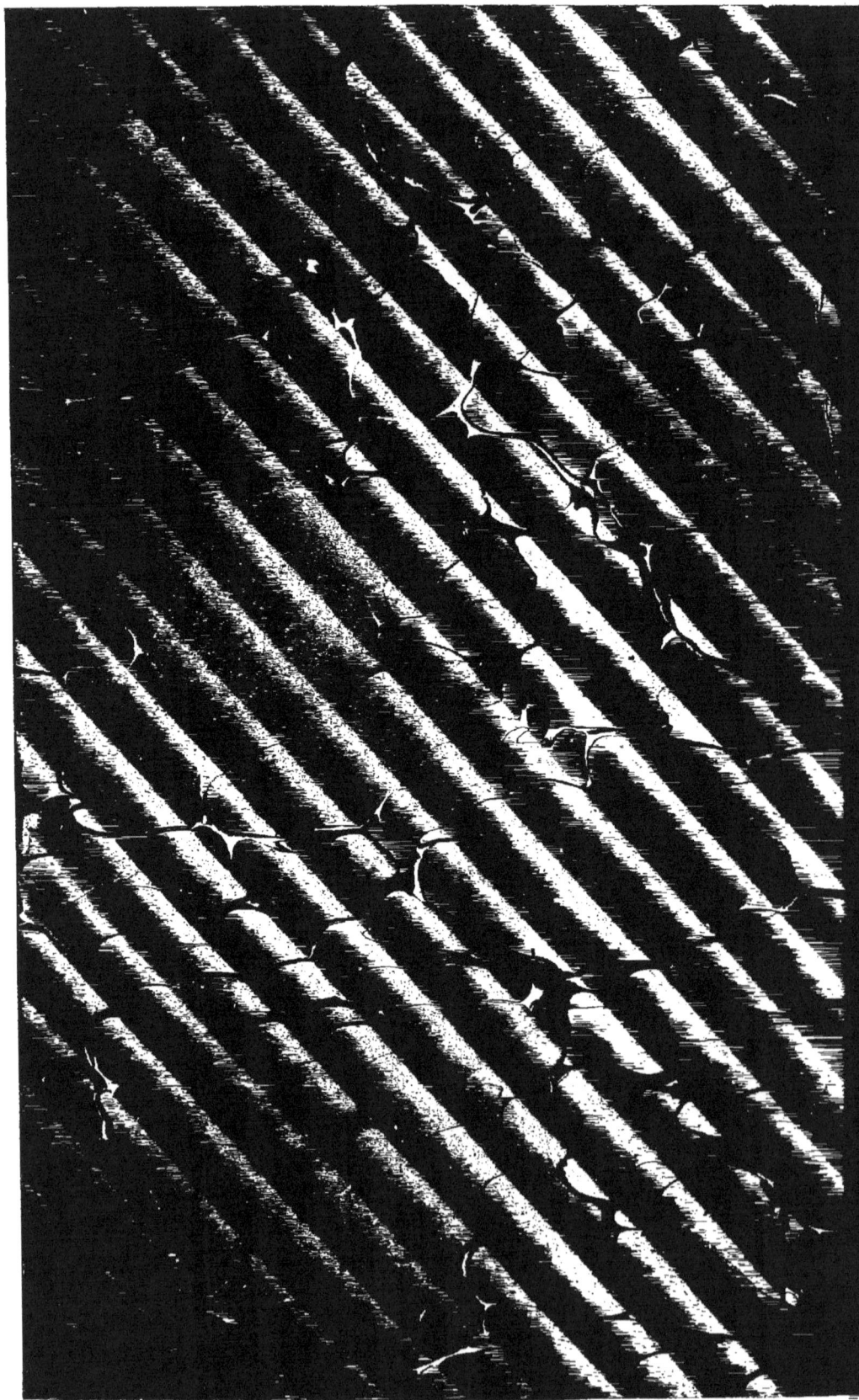

www.ingramcontent.com/pod-product-compliance
Lightning Source LLC
Chambersburg PA
CBHW060557210326
41519CB00014B/3497